CADET BIOGRAPHIE

ISBN : 2-07-031061-2
Titre original : The adventures of Charles Darwin
© Peter Ward, 1982, pour le texte.
© Éditions Gallimard, 1985, pour la présente édition.
Numéro d'édition : 33927
Dépôt légal : février 1985
Imprimé en Italie

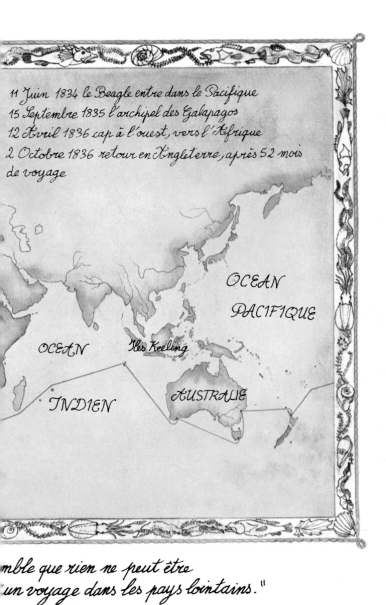

11 Juin 1834 le Beagle entre dans le Pacifique
15 Septembre 1835 l'archipel des Galapagos
12 Avril 1836 cap à l'ouest, vers l'Afrique
2 Octobre 1836 retour en Angleterre, après 52 mois
de voyage

OCEAN
PACIFIQUE

OCEAN
INDIEN

Iles Keeling

AUSTRALIE

mble que rien ne peut être
un voyage dans les pays lointains."

Charles Darwin

Larguez les amarres

Mon nom est Georges Carter. Vous n'avez jamais entendu parler de moi. Pour être honnête, je n'ai rien de particulier, mais je connais des histoires à faire se dresser les cheveux sur la tête. J'ai navigué sur tous les océans et j'ai visité des contrées lointaines. J'ai survécu à trois naufrages et j'ai souvent cru que ma dernière heure était arrivée. Dans la tempête, j'ai vu des hommes pleurer, gémir et implorer pitié. La mer a englouti certains de mes meilleurs amis. La vie a été rude avec moi, mais j'ai toujours eu la bougeotte. C'est de l'eau salée qui coule dans mes veines, car je suis né au bord de la mer, à Plymouth.

L'histoire que je vais raconter débute en 1831. A l'époque, j'étais encore un petit garçon. Notre famille avait été dispersée après la mort de mes parents et je fus pris en charge par un oncle. A sa manière, il était bon pour moi, mais il n'aimait pas beaucoup les enfants. Un de ses frères était, comme on dit, « dans la marine », et il fut convenu, par son entremise, que je rejoindrais l'équipage d'un voilier.

— Tu es un grand garçon maintenant, Georges, déclara l'oncle John. Je ferai de toi un homme. Tu seras mousse sur le H.M.S.* *Beagle* qui doit lever l'ancre dans quelques semaines à peine.

J'avais souvent rêvé de prendre la mer, mais je ne pensais pas que cela se passerait ainsi.

— Tu vas partir pour un long voyage. Le *Beagle* doit faire route vers l'Amérique du Sud. Mais on dit qu'il fera peut-être le tour du monde. Voilà une belle occasion de faire fortune, mon garçon !

J'essayais de sourire. Que pouvais-je dire ? Mon oncle ne me voulait que du bien.

Je pleurais en lui faisant mes adieux. C'était le jour de Noël 1831. Et ce fut le Noël le plus épouvantable de ma vie. Le *Beagle* mit les voiles deux jours plus tard et, tandis que nous voguions vers la haute mer, je me retournais pour jeter un dernier regard, plein de tristesse, sur le port de Plymouth.

Notre navire était ballotté par la mer comme un bouchon de liège. J'étais allongé sur le pont, terrassé par le mal de mer et trempé jusqu'aux os. Les marins n'étaient pas mauvais bougres, mais ils ne rataient jamais une occasion de se moquer de moi.

Les officiers se montraient très hautains et restaient toujours entre eux. L'une de mes tâches était de balayer leur cabine. Mais la plus importante, c'était l'entretien de la cabine du capitaine, le capitaine FitzRoy.

* les mots suivis de ce signe sont expliqués en page 111.

Au début, la seule personne qui me manifesta un peu de gentillesse était un homme qui ne ressemblait guère au reste de l'équipage. Je me souviens de la première fois qu'il m'adressa la parole. C'était peu après notre départ et j'étais descendu pour m'occuper de la cabine du capitaine. J'étais un peu inquiet, car le capitaine FitzRoy était connu pour son caractère emporté. Timidement, je frappais à sa porte.

— Entrez ! lança une voix.

J'ouvris la porte et me tins sur le seuil. Un homme grand et jeune se leva de son fauteuil. Il souriait.

— Entrez, entrez ! Personne ne vous mangera ! Quel est votre nom, mon garçon ?

— Georges, Monsieur, bégayai-je. Georges Carter.

L'homme tendit la main et serra la mienne, chaleureusement.

— Darwin, fit-il. Charles Darwin. Ravi de vous connaître, Georges. Venez donc vous asseoir.

Il m'offrit un siège et se montra des plus aimables. Je crus qu'il avait deviné mon malheur et qu'il m'invitait à lui faire part de mes ennuis. Je les lui racontais tout en jetant un regard autour de moi. A ce moment-là, j'ignorais encore que j'allais passer tant de temps dans cette cabine au cours de notre long voyage. J'étais fasciné. Il y avait une pile de livres sur la table et M. Darwin venait de déballer une série de bocaux en verre. Il y avait aussi un microscope et de toutes petites boîtes, empilées les unes sur les autres. Je ne pus résister à la curiosité et lui demandais ce qu'il faisait.

— Je comprends que vous vous posiez cette question. Le capitaine est furieux car, en fait, cette cabine est la sienne et je suis censé la partager avec lui. Mais il trouve que je prends toute la place.

Je lui demandais ce qu'il y avait dans ses petites boîtes. Du tabac, peut-être ?

— Non, Georges. Ce n'est pas du tabac ! Ni de l'argent, ni des bijoux. Mais quelque chose de bien plus précieux.

Je ne voyais pas de quoi il pouvait s'agir.

— Regardez ! s'écria-t-il.

Il ouvrit l'une des boîtes et je reculais, horrifié.

— Mais ce sont des cafards ! C'est dégoûtant !

M. Darwin éclata de rire.

— Ce ne sont pas des cafards, ce sont des scarabées. Ils se ressemblent beaucoup, je vous l'accorde. Je les ai ramassés en Angleterre, l'été dernier, mais je n'ai pas encore eu le temps de les examiner de près. Ils feront peut-être partie de ma collection.

Je levais sur lui un regard interrogateur.

— C'est bien la première fois que j'entends

parler d'une collection de scarabées morts.
Pourquoi faites-vous cela ?

Il sembla un peu surpris par ma question.

— J'ai toujours collectionné les scarabées, répliqua-t-il. Et aussi les araignées, les libellules et les papillons. Vous devez trouver cela étrange, comme la plupart des gens. C'est que, voyez-vous, je suis naturaliste.

— Naturaliste ? Je n'ai jamais entendu ce mot. Qu'est-ce qu'un naturaliste, Monsieur ?

— Eh bien ! Georges, comment dire ? J'observe les plantes et les animaux. Et je les collectionne. J'ai même une collection de roches et de fossiles.

J'étais très intrigué. Cela me semblait un curieux passe-temps.

— N'y voyez aucune injure, M. Darwin. Mais si vous aimez tant les choses de la nature, que faites-vous donc à bord du *Beagle ?* Vous n'y trouverez pas le moindre papillon !

Il leva les sourcils et sourit.

— Je suis le naturaliste de l'expédition, expliqua-t-il. Le capitaine FitzRoy m'a invité à me joindre à son équipage. J'ai toujours voulu voyager et voilà que nous faisons route vers les Tropiques. J'espère y découvrir des animaux inconnus et je veux observer les roches que nous y trouverons. Pour l'instant, je range mes instruments. Vous pourriez peut-être m'aider, à l'occasion.

M. Darwin semblait un homme très instruit, et je ne voyais guère en quoi je pouvais l'aider.

— Je ne vous serais d'aucune aide. Vous savez beaucoup de choses, je le vois bien. Moi, Monsieur, je ne suis jamais allé à l'école.

— A l'école ? Ne me parlez pas d'école ! J'y ai appris si peu de chose ! Le plus beau jour de ma vie est justement le jour où j'ai quitté l'école. On m'empêchait de faire tout ce qui me plaisait vraiment. Il n'y avait même pas de cours d'histoire naturelle !

M. Darwin me demanda de l'aider à déballer d'autres caisses, tout en continuant à me raconter sa vie.

– Je m'ennuyais à l'école. Mon père était très déçu et quand j'eus seize ans il décida de m'envoyer à Édimbourg.

– Édimbourg ? Où est-ce, M. Darwin ?

– Édimbourg est la capitale de l'Écosse. Mon père aurait voulu que je devienne médecin. Lui-même avait été médecin pendant la plus grande partie de sa vie et je suppose qu'il voulait que son fils lui succède.

J'étais déconcerté. Qui était donc ce M. Darwin ? Naturaliste et marin. Et maintenant, voilà qu'il prétendait être médecin aussi !

– Dois-je vous appeler Docteur, Monsieur ?

– En fait je n'ai jamais passé mes examens. Je n'étais pas fait pour la médecine. Alors, je suis parti pour Cambridge.

Décidément, M. Darwin semblait avoir beaucoup voyagé.

– Mon père voulait que je devienne pasteur. Il aurait sans doute aimé que je prêche de beaux sermons.

Je me demandais si M. Darwin ne se moquait pas de moi. Naturaliste, savant, médecin, pasteur ! Et puis quoi encore ? Pourquoi pas rétameur ou tailleur ?

– J'ai échoué, bien entendu ! J'ai passé certaines épreuves, mais je ne suis jamais devenu pasteur. J'avais mieux à faire à Cambridge !

– Savez-vous maintenant ce que vous voulez faire ?

– Oh oui ! Je sais exactement ce que je veux faire et ce que je veux être.

– Quoi donc ?

– N'est-ce pas évident ? Naturaliste, bien sûr ! C'est ce que j'ai toujours voulu être.

Monsieur Darwin continua à me raconter son séjour à Cambridge. Il me parla d'hommes érudits qu'on appelait des professeurs. L'un d'entre eux s'appelait Adam Sedgwick et il étudiait les différentes roches de la planète. Il s'intéressait en particulier aux volcans et aux tremblements de terre. M. Darwin et le professeur Sedgwick partaient souvent ensemble pour de longues randonnées, dont ils rapportaient des échantillons de minéraux et des fossiles.

– Il y a un autre professeur qui m'a beaucoup aidé, poursuivit-il. John Stevens Henslow, mon professeur de botanique.

Botanique. Encore un mot nouveau pour moi. Je n'avais pas la moindre idée de ce que cela pouvait être.

– La botanique, m'apprit M. Darwin, c'est l'étude des végétaux : les arbres, les fleurs, les mousses, les fougères ... C'est le Professeur Henslow qui m'a suggéré de participer à l'expédition du *Beagle*, comme naturaliste. Il savait que le capitaine FitzRoy était prêt à partager sa cabine. Pourtant, j'ai bien failli ne jamais venir. Il fallait d'abord que je fasse la connaissance du capitaine. Il s'est montré très courtois, bien sûr, un vrai gentleman. Pourtant je sentais qu'il y avait quelque chose en moi qui ne lui plaisait pas.

Il m'était difficile de penser à quelque chose de déplaisant dans la personne de M. Darwin. Qu'est-ce qui avait bien pu déplaire au capitaine FitzRoy ?

– Mon nez, gloussa M. Darwin. La forme de mon nez !

Cela me fit rire.

– Le capitaine FitzRoy pense que l'on peut deviner le caractère d'une personne en observant ses traits. Apparemment, je n'avais pas le nez qu'il fallait. Il aurait confié à quelqu'un que mon nez trahissait un manque d'énergie et de détermination. Ce n'était donc pas le genre de nez qui saurait faire face aux épreuves d'une longue traversée.

Il posa un doigt sur les lèvres et je dus me retenir de rire, car le capitaine pouvait entrer dans la cabine d'un moment à l'autre. Il semblait cependant qu'il avait fini par résoudre ce problème. Il avait sans doute été forcé de changer d'avis, car je n'ai jamais rencontré quelqu'un d'aussi énergique et décidé que M. Darwin. Cependant, à mon grand regret, je dois vous dire que tous deux entretenaient une vieille querelle.

Mais laissons cela pour plus tard. Il est temps maintenant de vous présenter le navire sur lequel nous allions passer les cinq années qui suivirent : le brick de la Royal Navy, le H.M.S. *Beagle*.

Monsieur Darwin
«passe la ligne»

L e H.M.S. *Beagle* était un navire de combat. Il était équipé d'une dizaine de canons et pouvait faire face à tous les ennuis. Plus d'une fois, on nous tira dessus. Certains matelots étaient de vieux routiers, d'autres faisaient encore leurs classes. Cependant, j'étais le plus inexpérimenté de tous. Cela m'étonnait toujours de les voir sauter dans le gréement*. Le timonier* avait un sifflet et, à sa commande, les marins agiles grimpaient en haut des vergues, les grandes barres fixées en travers des mâts. Elles supportaient d'énormes voiles, tendues sur toute leur largeur. Au coup de sifflet, les hommes ramenaient les voiles ou bien les hissaient. C'était un travail dangereux, en particulier quand la mer était grosse ou quand il tombait des trombes d'eau. Les marins me racontaient de terribles accidents qui avaient eu lieu au cours de voyages précédents, et dans lesquels ils avaient vu périr leurs camarades.

Dans la soute, c'est-à-dire sous le pont, se trouvaient les magasins. C'était là qu'on avait stocké les vivres. Il n'y avait pas un pouce* d'espace perdu. On avait chargé à bord des centaines de barriques de viande séchée et sans doute autant de sacs de farine. Il y avait aussi des biscuits et des raisins secs. Avec un peu de chance, on pouvait en chaparder une poignée. Mais le plus important de tout était l'eau potable. Elle était conservée dans d'énormes tonneaux de bois qu'on appelait des pièces. Tout cela était nouveau, pour M. Darwin comme pour moi.

Il me raconta comment, la première nuit qu'il passa à bord, il eut tant de mal à monter dans son hamac.

– Je me suis senti tellement stupide, Georges ! D'abord, j'ai essayé de sauter dedans et je me suis retrouvé sur le sol, de l'autre côté. Après m'être

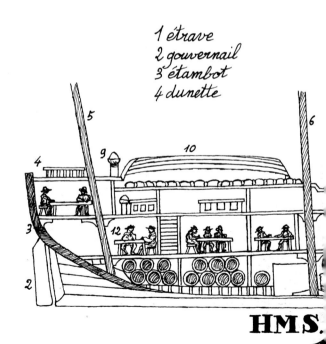

1 étrave
2 gouvernail
3 étambot
4 dunette

HMS.

relevé, j'ai décidé de le chevaucher comme un cheval, en le saisissant par le col et en balançant mes jambes par-dessus. Il s'est mis à ruer en faisant des écarts de côté. Plus j'insistais et plus je l'éloignais de moi. J'ai bien failli me tordre le cou !

Pauvre M. Darwin ! C'est moi qui lui dis finalement quelle était la meilleure méthode pour monter dans un hamac. C'étaient les marins qui me l'avais apprise.

– Il suffit de s'asseoir dedans, juste au milieu, les jambes pendantes. Puis pivoter sur le côté en rejetant la tête en arrière et en levant les pieds. C'est simple !

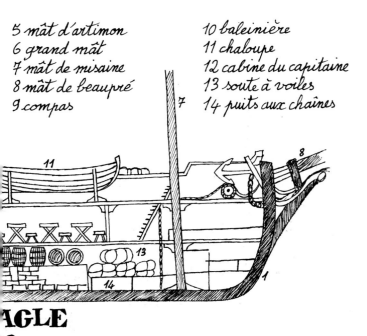

5 mât d'artimon
6 grand mât
7 mât de misaine
8 mât de beaupré
9 compas

10 baleinière
11 chaloupe
12 cabine du capitaine
13 soute à voiles
14 puits aux chaînes

AGLE
2

Je fus moi-même impressionné d'avoir appris quelque chose à M. Darwin.

Deux jours seulement après avoir levé les voiles nous avions déjà parcouru quatre cents milles*. Cela signifiait que nous atteindrions bientôt le golfe de Biscaye. La plupart du temps, M. Darwin était couché dans sa cabine, car il souffrait d'un horrible mal de mer. Il grommelait :

– Savez-vous, George, que je n'ai jamais été aussi malade de ma vie ! Je me demande pourquoi je tenais tant à faire ce voyage. Le mal de mer est une chose qui dépasse toute imagination. Je me sens tellement mal fichu !

M. Darwin consignait tout dans son journal. Il écrivait tout le temps, même dans ces moments pénibles. J'eus plus de chance que lui. J'avais beaucoup souffert moi aussi du mal de mer, au début de notre voyage, mais je m'étais maintenant habitué au roulis. J'étais donc en mesure de l'aider.

Malgré son état, il appréciait lui aussi les parties du voyage où, poussé par un vent favorable, le *Beagle* fendait les vagues à bonne vitesse. Je constatais que le capitaine FitzRoy était un excellent marin, et je lui en étais reconnaissant. Entre les mains d'un mauvais capitaine, un voilier devient vite dangereux.

Six semaines environ après notre départ, cela devait être vers la mi-février, un curieux incident eut lieu. Nous voguions dans les eaux tropicales quand M. Darwin m'annonça qu'un événement extraordinaire allait se produire.

– Nous allons bientôt passer l'Équateur, Georges. Nous quitterons l'hémisphère Nord pour entrer dans l'hémisphère Sud. Les marins ont d'étranges coutumes et je crains que nous ne soyons victimes de l'une d'entre elles.

Que voulait donc dire M. Darwin ?

– Vous et moi, nous sommes des « griffons ». C'est ainsi que les marins désignent ceux qui prennent la mer pour la première fois, et qui n'ont jamais passé l'Équateur. Ils ont préparé une cérémonie spéciale à notre intention. Nous allons être rasés et plongés dans l'eau, je crois. Mais tout cela n'est qu'un jeu et il n'y a pas de quoi s'inquiéter.

À peine eut-il terminé ces mot que nous fûmes agressés par quatre gaillards qui se saisirent de nous et nous jetèrent à fond de cale. Avant que nous ayons repris conscience, ils avaient refermé la trappe. Il faisait très sombre, mais, comme nos yeux s'habituaient à l'obscurité, nous réalisâmes que nous n'étions pas seuls. En fait, il y avait avec nous une trentaine d'autres marins. Ils étaient jeunes et, tout comme nous, ils n'avaient jamais passé l'Équateur. Il faisait une chaleur étouffante dans notre geôle provisoire et nous aspirions tous à un peu d'air frais.

Soudain, la trappe s'ouvrit et quatre marins plus âgés descendirent l'échelle. Ils nous annoncèrent qu'ils étaient les envoyés de Neptune.* Neptune était, disait-on, le grand roi qui gouvernait toutes les mers. Je me cachais dans un recoin sombre et, à ma grande honte, je pus voir que c'était M. Darwin qu'ils étaient venus chercher d'abord. Il fut traîné en haut de l'échelle, puis sur le pont. La trappe se rabattit à nouveau et les jeunes marins et moi, terrifiés, nous tendîmes l'oreille dans l'obscurité. Qu'étaient-ils en train de lui faire ? Nous entendîmes des acclamations et des cris, puis le bruit de grandes bordées d'eau.

Peu de temps après, la trappe se rouvrit et les envoyés de Neptune redescendirent dans la cale pour emmener une autre victime. Aussi vif qu'un éclair, je me faufilais en haut de l'échelle et rampais à quatre pattes jusqu'à l'avant du bateau. Là, je me cachais dans un caisson qui servait à ranger les voiles. Je restais allongé là pendant presque toute la journée, pétrifié de terreur. Quand les choses se calmèrent et que les marins furent retournés à leurs occupations habituelles, je me glissais hors de ma cachette. Je rassemblais tout mon courage et descendis dans la cabine de M. Darwin, où je le trouvais en train d'écrire à la lumière d'une lampe à pétrole. Il leva les yeux quand j'ouvris la porte et je vis que son visage était tout tuméfié et écorché.

– Pardonnez-moi. J'ai été très lâche. J'avais tellement peur qu'ils me fassent du mal ! C'est que je ne sais pas nager, M. Darwin, et j'étais terrifié à l'idée qu'ils pourraient me jeter par-dessus bord ! Monsieur Darwin me sourit.

– Vous êtes un garçon sensé, Georges, j'aurais aimé avoir votre présence d'esprit. Mais tout cela s'est passé dans la bonne humeur, et personne n'a été jeté par-dessus bord.

Je me sentais quelque peu soulagé et lui demandais de me raconter ce que les marins lui avaient fait.

– Ils m'ont bandé les yeux, puis ils m'ont entraîné sur le pont. D'abord j'ai été accueilli par des trombes d'eau ! Des baquets entiers ! J'étais

trempé jusqu'à la moelle. Mais ce n'était que le début de mes peines.

Mes yeux étaient sans doute ronds de surprise. Que s'était-il donc passé ensuite ?

– Ils m'ont assis sur une planche de bois. Ils m'ont ôté mon bandeau et ils m'ont badigeonné le visage d'un horrible mélange de poix, une sorte de glu noire, et de peinture, et ils l'ont raclé avec un rasoir. Ou du moins ce qui en tenait lieu. Il était tout rouillé ! À un signal donné, la planche fut retournée et je fus projeté en l'air, à la renverse. Le capitaine FitzRoy, m'apprit M. Darwin, présidait à la cérémonie, en personne. Et il semblait s'amuser autant que les autres. Il était sûrement lui aussi passé par là, la première fois qu'il avait passé l'Équateur. Peu de gens échappent au supplice, Georges.

Je dois avouer que je me sentais plutôt lâche.

– Après ça, poursuivit M. Darwin, je me suis retrouvé dans un grand baquet plein d'eau. Deux marins m'ont plongé la tête sous l'eau un bon moment et ils ont bien manqué me noyer. J'ai entendu une grande clameur qui venait des spectateurs et c'en était fini pour moi. Le roi Neptune était satisfait.

Pauvre M. Darwin ! Pas étonnant que son visage soit tout rouge ! Il me raconta que les marins qui lui succédèrent furent traités avec encore moins de ménagements que lui.

Je me demandais quel était le véritable but de notre voyage. Je ne savais pas exactement quelle était notre destination. Nous avions déjà passé deux îles, mais nous n'avions fait qu'une seule escale. M. Darwin m'avait dit que le *Beagle* avait entrepris une expédition très importante. Nous devions faire voile vers l'Amérique du Sud et, plus tard, traverser l'océan Pacifique.

– Voyez-vous, Georges, le capitaine FitzRoy a beaucoup de travail. Il doit longer les côtes de certains pays étrangers pour prendre toutes sortes de mesures. Cela permettra à la Marine d'établir des relevés précis du littoral. Nous devons également, au cours de ce voyage, mesurer la profondeur des eaux. Et grâce à tous ces éléments on pourra un jour dresser des cartes marines qui seront imprimées et utilisées sur tous les navires. Si nos mesures sont exactes, la navigation pourra alors se faire en toute sécurité. C'est un gros travail. Le *Beagle* doit faire tout le tour de la Terre et nous ne serons pas de retour en Angleterre de sitôt !

Premières escales

Quelques jours plus tard, je fus réveillé par mes compagnons.

– Vite, vite, Georges ! me lança le timonier. Habille-toi et descends dans la cabine du capitaine. M. Darwin est devenu complètement fou ! Il tourne en rond en hurlant comme un sourd et en parlant de poussière. S'il continue comme ça, nous allons être obligés de l'enfermer dans la soute.

Je me précipitai vers la cabine du capitaine, tirant sur ma chemise et trébuchant sur mes lacets défaits dans l'étroit couloir de passage.

– Georges ! C'est un jour fantastique ! Quelle émotion ! Cela suffit à me faire oublier mon mal de mer !

Je fus très soulagé de constater que M. Darwin n'était pas devenu fou comme le prétendaient mes camarades. J'étais content de le voir d'aussi bonne humeur. Mais les propos qui suivirent me firent changer d'avis et penser qu'il avait vraiment perdu l'esprit.

– De la poussière, Georges ! De la poussière ! Vous vous rendez compte ?

Je ne comprenais pas de quoi il parlait. Je faisais toujours très attention à la poussière. Ce n'était pas chose facile avec M. Darwin et son désordre permanent. Mais je redoutais les remarques du capitaine dont il partageait la cabine. Il était très exigeant en matière d'ordre et de propreté.

Le capitaine FitzRoy m'avait donné des ordres très clairs. Il ne voulait pas voir le moindre grain de poussière sur le bateau. M. Darwin semblait au contraire lui vouer un intérêt tout particulier.

– Il y aura sûrement d'autres occasions, Georges. La dernière tempête de poussière était très spectaculaire. Avez-vous vu ces pauvres marins ? Ils suffoquaient et la poussière leur entrait dans les yeux.

– Sauf votre respect, M. Darwin, pourquoi aimez-vous tant la poussière ? Après tout, ça n'a rien d'exceptionnel, non ?

M. Darwin me regarda droit dans les yeux. Il me fit asseoir et commença à me faire part d'une idée qui avait germé dans sa tête depuis peu. Nous naviguions dans des eaux chaudes et tropicales et, comme je vous l'ai dit, nous avions dépassé l'Équateur. Un jour, le ciel s'était assombri de gros nuages et le soleil avait quasiment disparu à nos yeux. Pourtant, le nuage qui voilait le soleil n'était pas de ceux qui amènent la pluie. C'était un nuage de poussière. De petits morceaux de ce nuage, des particules comme on les appelle, étaient tombés du ciel et avaient atterri sur le pont du *Beagle*. À mon insu, M. Darwin avait fait le tour du bateau pour ramasser cette poussière et il l'avait déposée dans des petites enveloppes en papier de sa fabrication. C'est ce qu'il appelait ses échantillons. Ce jour-là, il m'expliqua que le nuage de poussière venait de la terre ferme. Je jetais un regard à travers le hublot.

– Vous devez faire erreur, Monsieur. Il n'y a pas de terre en vue, la vigie nous aurait avertis.

– Ce que je veux dire, Georges, c'est que cette

poussière a traversé l'océan, depuis le continent le plus proche. J'en ai discuté avec M. Wickham, le premier lieutenant. Il m'a dit que, dans cette partie de l'océan, les vents viennent d'Afrique, et c'est très loin d'ici. À vrai dire, l'Afrique se situe à plus de trois cents milles par bâbord* devant. Comprenez-vous ? Comprenez-vous ce que cela signifie si la poussière peut parcourir de telles distances ?

Franchement, je ne comprenais pas ce que M. Darwin essayait de me dire.

– Regardez, Georges, dans mon microscope. Des particules de poussière ! Je les ai rassemblées sur une plaque de verre.

Je me dirigeais vers le microscope de cuivre posé sur la table. C'était la première fois que j'étais autorisé à le toucher. Je fermais un œil et, de l'autre, je regardais de mon mieux dans le tube de métal. M. Darwin éclaira l'intérieur du tube en captant la lumière à l'aide d'un minuscule miroir rond. Il m'expliqua comment régler l'image et, bientôt, je pus apercevoir diverses petites formes de couleurs différentes. Certaines étaient grises, d'autres noires et d'autres encore étaient irisées de vert ou de brun.

– Regardez mieux maintenant, Georges. Utilisez vos yeux pour bien observer ce qui est intéressant. Vous examinez de la poussière, c'est exact, mais il y a d'autres choses à voir. De minuscules fragments de plantes, que nous appelons des spores*. Vous vous rendez compte ! S'ils sont charriés par le vent, depuis l'Afrique, jusqu'où iront-ils ? Je levais les yeux du microscope.

– Dans la mer, M. Darwin ? demandai-je.

– Oui, il est probable que la plupart finiront dans la mer. Mais pensez donc à ceux qui atteindront les îles. Car il y a beaucoup d'îles autour de nous, même en plein milieu de l'océan Atlantique. Maintenant, réfléchissez. Qu'adviendra-t-il si l'une de ces spores microscopiques qui viennent d'Afrique atterrit sur le sol d'une île volcanique ?

Cela demandait réflexion. Ces spores faisaient beaucoup penser à des graines.

– Est-ce qu'elle poussera, M. Darwin ? Je veux dire, donnera-t-elle naissance à une plante ?

Il applaudit à pleines mains et son visage s'éclaira d'un large sourire.

– Vous avez l'étoffe d'un savant, mon jeune ami ! Oui, en effet, certaines de ces spores donneront un jour naissance à des plantes. Des petites ou des grandes. Je pense que celles-ci sont des fragments de fougères géantes ! Cela explique comment les choses vivantes se déplacent d'un endroit à un autre.

Ça n'était pas une mince affaire. Je me demandais comment je n'y avais pas pensé plus tôt.

Nous avions déjà visité notre première île tropicale et nous avions été témoins de certaines scènes de la vie sauvage. C'était un mois plut tôt, le 16 janvier exactement. M. Darwin était tout excité ce jour-là. C'était la première fois qu'il avait une occasion d'observer la flore et la faune tropicales.

Nous avions jeté l'ancre au large de Porto Praya, une petite ville sur Sao Tiago, une des îles du cap Vert. M. Darwin raconta que l'île avait jailli de l'océan sous la poussée d'un volcan. Nous nous attendions à trouver une jungle luxuriante. Nous fûmes déçus. Nous ne vîmes que d'immenses étendues de lave noire, projetée par la montagne lors d'une explosion volcanique qui avait eu lieu plusieurs années auparavant. Maintenant, l'île était froide et sans vie et il n'y poussait presque rien. Je la trouvais vite ennuyeuse et décidais de retourner au bateau. M. Darwin et deux officiers louèrent des poneys et quittèrent la côte en direction de l'intérieur de l'île. Quand il revint, plus tard dans la journée, il me raconta tout ce qui lui était arrivé.

– Savez-vous ce que nous ont dit les indigènes ? Il n'a pas plu ici depuis plus d'un an. À présent, les buissons desséchés n'ont même plus de feuilles, mais c'est merveilleux de voir comment la nature parvient à survivre dans de telles conditions de chaleur et de sécheresse ! J'ai vu un martin-

pêcheur s'envoler d'une touffe de ricin pour attraper des lézards et des sauterelles.

De l'autre côté de l'île, dans le village de Sao Domingo, le paysage était totalement différent, et vraiment superbe. Un petit ruisseau clair courait à travers le village et les plantes poussaient alentour. Tout était vert et luxuriant. J'ai profité de cette occasion pour examiner la lave volcanique. C'est extraordinaire de pouvoir le faire sur place. J'ai pris beaucoup de notes pour mon livre.

Et puis, il y a eu ma plus belle découverte. Mais je crains que le capitaine FitzRoy ne soit pas très content de moi. Il désigna un coin de la cabine où se trouvait un baril. Je m'en approchais et soulevais le couvercle, mais reculais aussitôt, saisi d'effroi.

La créature la plus monstrueuse qui soit me fixait de son œil unique. Elle était tout en bras et en jambes. Comme je rabattais le couvercle, terrifié, elle plongea dans un tourbillon.

– M. Darwin, qu'avez-vous rapporté là ? Ça me donne le frisson. Je ne veux plus la voir.

M. Darwin éclata de rire.

– Je commençais à me sentir seul, Georges. Ce n'est pas très drôle d'avoir le capitaine FitzRoy pour unique compagnie, alors j'ai décidé de prendre un compagnon de voyage. C'est un animal délicieux. Ça s'appelle une pieuvre.

– Une pieuvre ? Je n'ai jamais entendu parler d'une chose pareille. Est-ce un poisson ?

– Non pas. On pourrait dire que ses plus proches parents sont les limaces et les escargots, et que c'est un mollusque.

M. Darwin tira une chaise à lui et se mit à raconter comment il avait capturé l'animal. Il longeait la côte pour examiner les petites criques, quand il vit la pieuvre, qui avait été retenue dans l'une d'entre elles à la marée descendante. Évidemment, elle n'avait pas tout de suite sympathisé avec M. Darwin. Elle avait tenté de lui échapper en se retirant dans une étroite fissure entre les rochers. Grâce à ses longs bras et à ses ventouses, elle s'était agrippée fermement et il avait dû tirer avec acharnement sur l'animal pour l'arracher à son repaire.

– C'est un animal très capricieux. Elle s'agrippait au rocher et refusait de sortir. Ou bien elle jouait à cache-cache avec moi. Elle peut même changer de couleur. Je l'ai vue, de mes yeux vue, passer d'un pourpre presque brun à un vert jaunâtre quand elle a quitté les eaux profondes pour se réfugier dans une zone sablonneuse. Elle n'y est restée que quelques minutes et j'ai pu la voir changer à nouveau de couleur au fur et à mesure qu'elle s'aventurait, pouce à pouce, dans une zone différente. Très doucement, j'ai plongé la main dans l'eau et j'ai attendu un instant propice pour la saisir d'un coup. Swoosh ! Elle m'a échappé à nouveau en plongeant la tête la première. Je n'avais pas la moindre idée de l'endroit où elle était, car elle avait laissé derrière elle un épais nuage d'encre brune qui s'étalait dans l'eau et la cachait à mes yeux. Quelle fuite inattendue !

— Mais comment avez-vous finalement réussi à la capturer, M. Darwin ?

— Par la ruse, Georges, fit-il en riant. J'ai commencé par faire le tour de la crique pour essayer de la repérer. C'est alors que j'ai entendu un curieux son. Un mince filet d'eau jaillissait à la surface en produisant un petit bruit. La pieuvre me faisait ses adieux. Elle est capable d'émettre ce jet d'eau qui a, je crois, quelque chose à voir avec la façon dont elle respire. On peut ainsi la repérer. Non sans effort, j'ai pu enfin la saisir et la jeter dans un sac pour la ramener au bateau avec moi.

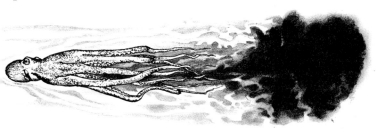

Après ces aventures sur Sao Tiago, M. Darwin avait été intrigué par un certain nombre de choses. La récente tempête de poussière et les découvertes qu'il avait faites à propos des particules que contenait la poussière l'avaient fait réfléchir davantage encore. Et toutes ces réflexions l'avaient rendu particulièrement agité ce matin-là.

— Il faut m'excuser maintenant, Georges, mais j'ai beaucoup de travail.

Témérairement, je lui demandais ce qu'il avait l'intention de faire, et si je pouvais lui être d'une aide quelconque. Sa réponse me força à refréner un peu mes élans.

– Je voudrais réfléchir, Georges. Juste réfléchir. Au sujet des sauterelles, des lézards et des martins-pêcheurs.

Cela me paraissait un sujet de réflexion bien anodin. Je lui demandais ce qu'il entendait par là. Il m'expliqua qu'il était un peu perplexe. Il me demanda d'imaginer l'époque où l'île avait été formée par un volcan qui avait surgi de la mer.

– Imaginez-vous cela, Georges ! Quelle scène ! Une fournaise en fureur projetant dans le ciel des nuages de cendre noire. Des étincelles fusant dans tous les sens pour retomber ensuite dans la mer ! Et la lave rouge bouillante déversée par le cratère du volcan ! Une montagne noire en feu, jaillissant des flots ! Avec des torrents de roches en fusion dégoulinant le long des pentes pour venir grésiller sur le rivage ! Vous vous rendez compte !

– Mais, M. Darwin, qu'est-ce que tout cela a à voir avec les sauterelles, les lézards et les martins-pêcheurs ! Vous croyez qu'eux aussi sont nés dans le cratère du volcan ?

– Bonne question, Georges. D'aucuns pourraient le croire, mais je n'y ai pas pensé un seul instant. Me voilà

donc avec un nouveau problème à résoudre. Comment se fait-il que ces animaux existent sur cette île ? Nous savons que les graines ou les spores des végétaux peuvent voyager des milliers de kilomètres dans le vent. Nous pensons qu'elles viennent d'Afrique. Mais d'où viennent les lézards ? Et comment les sauterelles sont-elles arrivées jusqu'ici ? C'est un drôle de saut depuis l'Afrique ! Des centaines de kilomètres, au moins !
Que dites-vous de ça, Georges ?

le Bresil

*L*e dernier jour de février 1832, notre petit vaisseau atteignit les côtes de l'Amérique du Sud, et nous ancrâmes dans le port de Bahia, au Brésil. M. Darwin était très impatient de mettre pied à terre pour goûter aux délices qui l'attendaient. Malheureusement, je dus rester à bord pendant la plus grande partie de cette escale et je n'eus pas l'occasion de découvrir, par moi-même, les enchantements de la forêt brésilienne. Je dus me contenter de monter sur le pont pour saluer les chaloupes qui se dirigeaient vers la côte. M. Darwin se rendit à terre en compagnie de quelques membres de l'équipage.

Le lieutenant Wickham et M. Darwin revinrent trempés jusqu'à la moelle. M. Darwin m'expliqua en riant :

— Nous avons été attaqués, Georges ! Attaqués par les indigènes. Et c'est un miracle que nous leur ayons échappé.

J'étais très curieux d'en savoir davantage et je lui demandais ce qui s'était passé.

— C'était le premier jour du Carnaval et le lieutenant Wickham, M. Sullivan et moi-même, avons décidé d'y assister. Les gens du village avaient l'air de s'amuser follement. Ils se lançaient des balles de cire, pleines d'eau. Tout cela se passait dans une ambiance très bon enfant et nous y avons été mêlés malgré nous. L'uniforme de ce

pauvre vieux Wickham est dans un état pitoyable ! Et pour couronner le tout, l'horizon s'est obscurci de nuages et nous avons été arrosés par une très grosse averse.

Un autre jour M. Darwin revint les bras chargés de fruits exotiques. Je vis une banane pour la première fois. Les marins m'expliquèrent comment il fallait la peler avant de la manger. Ils m'apprirent également à percer un trou dans la coquille des noix de coco pour en boire le lait. Au début, je crus qu'ils se moquaient de moi.

Pendant notre escale à Bahia, M. Darwin partit en expédition dans la jungle brésilienne.

– Nous avons marché à travers la forêt, Georges. Les arbres sont si hauts qu'ils cachent presque le ciel et d'épaisses lianes pendent de chaque branche. Sous les arbres, j'ai pu voir des fougères et bien d'autres plantes vertes. Il y avait de minuscules oiseaux-mouches qui voletaient autour de nos têtes avant de plonger dans d'énormes fleurs chatoyantes pour en aspirer le suc. Leurs ailes battaient si rapidement qu'il était presque impossible de les suivre des yeux. Partout où nous allions, les couleurs étaient éclatantes. Celles des fleurs, comme celles des papillons. Les bleus, les rouges et les orange étaient extraordinairement vifs. Dans les endroits ombragés régnait un mélange saisissant de silence et de bruits. On se serait cru au paradis, Georges !

M. Darwin avait été très impressionné par la forêt vierge brésilienne.

– Il existe une petite fourmi brune que l'on voit se déplacer en colonie. On a l'impression de suivre une armée en marche. Elles font régner l'effroi chez les autres créatures qu'elles croisent en chemin et j'ai vu des araignées, des cafards et même des lézards plongés dans le désespoir le plus total. Ils se précipitent vers un espace vierge, mais les fourmis suivent de près, regroupées en formation de combat. Elles les encerclent. Il n'y a pas d'échappatoire possible. J'ai voulu faire une expérience et j'ai placé un petit caillou sur leur chemin. Elles se sont regroupées autour, prêtes à tuer, mais elles ont dû renoncer. Une autre colonne de fourmis est arrivée sur les lieux et s'est également attaquée à mon caillou. Mais comme elles ne parvenaient pas à le détruire, elles ont abandonné le combat et poursuivi leur route.

Peu après cette expédition, le *Beagle* fit voile vers le Sud et, quelques jours plus tard, nous arrivâmes à Rio de Janeiro. Le *Beagle* reprit alors ses investigations le long du littoral et je repartis à son bord, laissant M. Darwin dans une villa de Rio. Pour l'équipage ce fut un voyage fatal. Trois marins moururent, victimes d'une mauvaise fièvre. M. Darwin me manqua beaucoup au cours des semaines que nous passâmes au loin, et j'étais impatient de retourner à Rio. Quand nous y jetâmes enfin l'ancre, M. Darwin nous attendait avec de nouvelles histoires et nous raconta ses toutes dernières aventures.

– Il est pratiquement impossible de décrire la splendeur des paysages, Georges. La forêt regorge de vie. J'ai trouvé une petite grenouille, assise sur un brin d'herbe. Quand ces grenouilles sont rassemblées, elles émettent chacune une note différente, et j'aurais pu former une chorale. Elles sont très habiles pour grimper et j'ai vu que chacun de leurs doigts minuscules portait une petite ventouse qui leur permet de s'agripper aux plantes

qui poussent à la verticale. J'ai même réussi à en faire grimper une sur une vitre.

Je ne comprenais pas pourquoi M. Darwin donnait souvent un surnom aux animaux. Quand il écrivait à ses amis, il ne leur parlait pas d'un « papillon bleu » ou d'un « papillon à rayures » qu'il avait trouvé. Il leur donnait des noms comme *Rhetus periander* (c'est un papillon bleu) ou *Diaethria meridionalis* (un papillon blanc avec des cercles et des motifs noirs sur les ailes). Je lui demandais pourquoi il utilisait toujours ces noms compliqués.

– Mes amis ont besoin de savoir de quel papillon il s'agit exactement, Georges. Il doit bien y avoir des centaines de papillons bleus différents ici. Chaque espèce a un nom en latin qui lui est pro-

pre. Quand je les désigne par ce nom, les savants de différents pays, même s'ils parlent des langues différentes, savent immédiatement de quel papillon il s'agit.

Je commençais à comprendre un peu la science, et M. Darwin était très content de moi. Ma première approche de celle-ci eut lieu à notre retour à Rio de Janeiro. Avec un petit groupe de marins, j'étais allé visiter une orangeraie. Au-dessus de ma tête, j'avais remarqué un petit papillon qui voletait et je le vis se poser sur un tronc d'arbre, tout près de moi. Puis j'en aperçus un second, qui vint se poser sur le même tronc, les ailes déployées, et tête en bas. Ils étaient très beaux, et je me dis que je pourrais peut-être en capturer un pour M. Darwin. Alors, je m'approchais, tout doucement. J'étais sur le point de poser la main sur l'un des papillons, mais il m'échappa.

M. Darwin fut très intéressé par mon récit quand je retournais à bord. Le lendemain, nous nous rendîmes ensemble à l'orangeraie et, lui aussi, il eut la plus grande difficulté à attraper un spécimen.

La plantation s'étendait en bordure de la forêt et nous reprenions notre route vers le *Beagle* quand un énorme papillon brun et noir s'envola paresseusement à travers les arbres. M. Darwin saisit le filet que je tenais en main et poursuivit l'insecte monstrueux avec une grande fébrilité, en me laissant derrière lui. Lorsque je parvins enfin à le rejoindre, plusieurs minutes après, ce fut pour voir l'énorme papillon battre des ailes et s'envoler vers la cime des arbres, et M. Darwin s'éponger les sourcils avec un large mouchoir rouge et blanc, à pois. Comme j'approchais, il me fit signe de le rejoindre et se laissa tomber sur un tronc d'arbre abattu.

Après un court repos, nous allions nous relever lorsque j'aperçus un gros scarabée noir qui sortait de sous un morceau d'écorce moisie. Je le signalais à M. Darwin qui le saisit immédiatement dans sa main droite. À peine avait-il saisi l'insecte qu'un autre scarabée, de couleur bien plus vive, sortit du même endroit. Rapide comme l'éclair, M. Darwin le ramassa dans sa main gauche. Il était en train d'examiner les deux spécimens avec la plus grande attention lorsqu'un troisième scarabée, encore plus gros et plus brillant, apparut. M. Darwin était décidé à ne pas le laisser s'échapper. Il lança dans sa bouche l'insecte qu'il tenait dans sa main droite, pour la libérer, et put ainsi capturer le troisième scarabée. Quand je l'eus aidé à placer les deux premiers dans ses petites boîtes, il retira le troisième de sa bouche. Je craignais qu'il ait empoisonné M. Darwin, mais il était inoffensif.

Cette nuit-là, il consigna dans son journal les événements de la journée. Il y eut un long rapport, au sujet de mes papillons et des scarabées. Comme je pouvais m'y attendre, M. Darwin utilisa des noms latins pour le gros papillon et pour deux des scarabées. Cependant, avec une certaine agitation, il m'annonça que le troisième scarabée n'avait pas de nom latin parce qu'aucun naturaliste n'en avait jamais rencontré jusqu'alors.

– Il nous faudra lui trouver un nom, Georges. Figurez-vous que vous venez de découvrir un nouvel insecte !

J'étais très fier, surtout quand je vis mon nom dans les pages du journal de M. Darwin.

Tempête
et révolutions

*I*l était temps de quitter Rio de Janeiro et sa jolie baie, surplombée par le « pain de sucre ». Nous poursuivîmes notre route vers le Sud et je m'amusais beaucoup en voyant les marsouins qui sautaient dans les vagues. Il y en avait des centaines et ils coupaient notre route avec une certaine témérité. M. Darwin était très intéressé par leurs mouvements et les observait avec une grande curiosité. Nous atteignîmes finalement l'embouchure d'un grand fleuve.

– Le Rio de la Plata, Georges ! C'est un énorme estuaire. Regardez, là, sur la carte.

Nous nous tenions au bastingage pour examiner la carte.

– Il y a deux grands fleuves qui se jettent dans le Rio de la Plata, le Parana et l'Uruguay. Sur la rive sud, se trouve Buenos Aires, qui est la capitale de l'Argentine. Sur la rive nord, il y a Montevideo, et ce sera notre prochaine escale. Les deux villes sont séparées par cette énorme embouchure qui fait des kilomètres de large. À trois heures de l'après-midi, environ, ce jour-là, de gros nuages noirs s'amoncelèrent à l'horizon. La brise se mit à souffler plus fort et nous fûmes obligés d'alléger la voilure. Le capitaine FitzRoy parut très soucieux en voyant les éclairs qui zébraient le ciel.

– C'est le *pampero*. Je suis déjà venu dans ce pays et je sais les ravages qu'il provoque. Comme il parlait, les nuages s'assombrirent encore et un nouvel éclair se dessina au-dessus de nos têtes. « Ramenez les voiles ! » commanda-t-il.

Les marins descendirent la grand'voile et la voile de misaine. À ce moment précis, le navire fut secoué par un vent terrible. Il chavira puis se redressa de lui-même. Le *Beagle* était devenu complètement incontrôlable. Il ne répondait plus à la barre.

M. Darwin me rejoignit sur le pont. Il avait l'air calme, mais au fond de lui, je pense qu'il était aussi paniqué que moi. Agrippés à la rambarde, nous levâmes les yeux vers la mâture. Les marins dans les vergues se raccrochaient de toutes leurs forces à leur chère vie. La mer se rabattit sur nous et le *Beagle* piqua du nez en tournoyant.

– Nous sommes perdus ! m'écriais-je. Mon Dieu ! Sauvez-nous ! M. Darwin hurlait quelque chose en réponse, mais dans le tumulte du vent je n'arrivais pas à l'entendre. À ce moment, nous perçûmes un craquement sinistre et le grand mât se brisa comme du petit bois. Les voiles étaient en lambeaux mais, curieusement, le brave petit navire avait surmonté la tempête et le timonier avait réussi à reprendre la barre.

Nous nous raccrochions tous désespérément. D'énormes espars éclataient en morceaux et s'écrasaient sur le pont, jonché de débris et de bouts de voiles. C'était un vrai chaos. Dans le vent hurlant, nous entendîmes un cri, et en me penchant pour éviter un bout de vergue qui s'était détaché, je vis un jeune marin tombant du grand hunier. Son corps fut précipité dans la mer en furie. Nous nous sentions tous terriblement impuissants. Nous apprîmes plus tard qu'un autre marin était tombé du haut d'un mât et s'était noyé. Le capitaine FitzRoy était consterné. Il prit tout le blâme sur lui.

– J'aurais dû jeter l'ancre et laisser passer la tempête, confia-t-il à M. Darwin, alors qu'ils buvaient un café ensemble dans leur cabine. J'ai été stupide de tenter de gagner le port.

M. Darwin tenta de le réconforter. En vérité, le capitaine FitzRoy nous avait sauvé la vie et tous les marins du bord lui vouaient une grande admiration pour son expérience de la mer. Cette nuit-là et toute la journée du lendemain, l'équipage travailla à réparer les dégâts.

Plusieurs jours après, la mer était encore houleuse et M. Darwin, qui ne se sentait pas très bien, descendit dans sa cabine. C'est à ce moment-là que nous eûmes droit à un véritable feu d'artifice naturel.

– M. Darwin ! m'écriais-je en entrant dans la cabine sans frapper, tant mon excitation était grande.

– Je suis sur le point de me coucher, Georges.

– Venez donc voir ce qui se passe là-haut !

Je remontais en courant sur le pont, suivi de près par M. Darwin.

Dans la nuit noire, je lui montrais le mât et le gréement du navire. Ils étaient parcourus de petites lumières phosphorescentes, vertes et blanches. La mer elle-même offrait un spectacle encore plus extraordinaire. Elle ruisselait de lumières scintillantes.

– Ce sont des feux de Saint-Elme, Georges !
s'écria M. Darwin. J'ai lu des choses là-dessus. Il
y a dans la mer une substance chimique qui brille
dans certaines circonstances. C'est du phosphore,
je crois.

Et voilà pour les feux d'artifice naturels ! Bientôt, nous allions voir un vrai feu d'artifice, craché
par le fût d'un canon cette fois ! C'était le 26 juil-
let. Nous venions d'entrer dans la baie de Montevideo, et nous allions jeter l'ancre, quand nous
reçûmes des signaux d'un autre navire anglais, la
frégate *Druid*.

Le premier signal indiquait : « Tenez-vous prêts
à intervenir. »

Le second : « Préparez-vous à nous couvrir. »

Le *Druid* demandait notre aide et les marins du
Beagle se mirent en position de combat, pour couvrir les six chaloupes du *Druid,* surchargées de
marins en vareuse bleue, qui se dirigeaient vers le
port de Montevideo. L'un des officiers me dit que
certains de ces petits pays d'Amérique du Sud
étaient toujours en conflit. Il semblait que le nouveau gouverneur avait volé quatre cents chevaux
appartenant à un résident britannique. Pour com-
pliquer encore les choses, il apparut que le gouverneur en question subissait, sur un autre front, l'attaque de troupes ennemies. Il dut affronter d'un
côté la marine britannique, qui arrivait par la mer,
et de l'autre, une petite unité qui donnait l'assaut,
aux portes de la ville.

Nous les laissâmes à leurs combats et poursuivîmes notre route en remontant le Rio de la Plata
vers la grande ville de Buenos Aires qui s'élevait
sur la rive sud de l'estuaire. Ce serait notre premier
contact avec l'Argentine. Nous naviguâmes tout

près des côtes et pour mieux voir la ville, je grimpais au sommet du grand mât. Un peu plus au
large, j'aperçus un vieux canonnier. À ma grande
stupéfaction, une bouffée de fumée jaillit de son
flanc, suivie d'un « bang ! » étouffé. Les choses en
restèrent là et nous poursuivîmes notre route.
Mais il y eut une autre bouffée de fumée et une
explosion, plus forte cette fois-ci. Un boulet de
canon siffla juste à la hauteur de ma tête.
M'accrochant désespérément à la vergue, je dus
me pencher pour éviter le projectile. Il tomba dans
la mer, à l'arrière du bateau. Le capitaine FitzRoy
ne prit aucune mesure particulière, mais nous
fûmes bientôt hors d'atteinte et jetâmes l'ancre à
quelques miles de là. Deux de nos chaloupes prirent la direction du port. Dans l'une d'entre elles
se trouvait M. Darwin.

Les chaloupes regagnèrent bientôt le bateau, car elles n'avaient pas obtenu l'autorisation d'ancrer à Buenos Aires. Le capitaine FitzRoy était fou de rage. Les Argentins craignaient que nous amenions avec nous le choléra, cette maladie tant redoutée, et c'est pourquoi ils avaient ouvert le feu sur le *Beagle*. C'était donc une salve d'avertissement. Le capitaine FitzRoy adressa au gouverneur de Buenos Aires un message de protestation au sujet de cette décision. Il en envoya un autre au capitaine du canonnier qui nous avait bombardés.

Ces événements auraient suffi à donner de l'animation à ce périple, mais nous n'étions pas au bout de nos peines. Nous retournâmes à Montevideo pour trouver la ville en émoi. Un bataillon de soldats s'était rebellé contre le gouverneur. Ce dernier envoya un message au *Beagle* pour demander

de l'aide. Le capitaine FitzRoy se rendit à terre, et une heure plus tard environ, nous fit signe de le rejoindre dans les chaloupes. Les marins se mirent aussitôt en action. La yole, le canot, la baleinière et le youyou furent mis à la mer et plus de cinquante d'entre nous grimpèrent à leur bord. Nous étions armés de pistolets, de mousquets et de coutelas et, à notre arrivée sur le rivage, nous marchâmes bravement en direction du fort. Nous y installâmes notre campement et, au coucher du soleil, nous fîmes rôtir d'énormes pièces de bœuf. Tout était calme dans la ville, mais nous savions que les soldats rebelles avaient dressé des pièces d'artillerie dans les rues. Il nous fallait prendre beaucoup de précautions, car seuls quelques marins étaient restés à bord du *Beagle*. Ils devaient monter la garde toute la nuit, car ils craignaient un abordage. Le jour suivant, nous apprîmes que les insurgés s'étaient rassemblés dans une autre forteresse de la ville. À leur grand désarroi, ils avaient été encerclés par une foule de citoyens en colère et n'avaient pu s'échapper. La révolution se terminait en queue de poisson et ressembla davantage à un carnaval, pour la plus grande joie de chacun. Nous en avions assez de ces événements ridicules et nous décidâmes de retourner au bateau. Bientôt, comme nous l'expliqua le capitaine FitzRoy, allait commencer notre véritable travail. Il avait reçu l'ordre de l'Amirauté anglaise de surveiller les côtes de l'Amérique du Sud, au sud du Rio de la Plata.

la Terre de feu

A bord du *Beagle* se trouvaient des gens très différents du reste de l'équipage. Ils venaient d'un pays qu'on appelait Tierra del Fuego, ce qui signifie Terre de Feu. Ils se distinguaient des marins anglais par leur peau sombre et leurs yeux bridés, et ils avaient une drôle d'allure dans les vêtements qu'ils étaient obligés de porter. Même leurs noms étaient étranges. L'un d'eux s'appelait Jemmy Button, l'autre York Minster et le troisième était une jeune femme qui répondait au nom de Fuegia Basket. Au cours du voyage, ils devinrent mes amis. Jemmy m'appelait « mon pauvre ami » quand j'avais le mal de mer et il me réconfortait de son mieux. Ce n'était pas toujours facile de le comprendre, mais il me raconta des choses surprenantes au sujet du capitaine FitzRoy.

C'est lui qui m'apprit que le capitaine avait déjà navigué dans les eaux sud-américaines. Quatre ans plus tôt, il avait emmené le *Beagle* jusqu'à l'extrême sud du continent. Il avait eu beaucoup d'ennuis avec les peuplades qui vivaient dans l'archipel de la Terre de Feu. Les Fuégiens, c'était leur nom, étaient de robustes et féroces gaillards. Ils pillaient les chaloupes qui accostaient sur leurs plages. Jemmy me raconta que le capitaine était furieux et avait pris des otages parmi la population. Il avait déclaré à leurs chefs qu'il repartirait avec eux si les pillages ne cessaient pas. Comme les chefs ne semblaient guère s'en soucier, le capitaine FitzRoy mit sa menace à exécution et fit voile vers l'Angleterre avec ses quatre otages. Il nourrissait de grands projets à leur sujet. Il avait décidé qu'ils recevraient une éducation décente et qu'il sauverait leurs âmes en les convertissant au christianisme. Très vite, cependant, ses projets commencèrent à tourner court. L'un des otages, Boat Memory, attrapa la variole et mourut. Les trois autres furent envoyés à Londres, chez un pasteur chargé de leur éducation. Le capitaine FitzRoy eut alors une nouvelle idée. Lorsqu'ils auraient terminé leurs études, il retournerait en Terre de Feu avec ses trois captifs pour les rendre à leur patrie. Les trois nouveaux chrétiens pourraient ainsi vivre parmi les leurs en prêchant la parole de Jésus. Le Roi et la Reine eurent vent de ce projet et demandèrent à voir les Fuégiens. Leurs Majestés se montrèrent très enthousiastes et furent ravies d'entendre le capitaine FitzRoy les informer qu'il demanderait à un missionnaire d'accompagner Jemmy, York et Fuegia pour propager le message chrétien à leurs côtés. C'est ainsi que M. Matthews, le missionnaire anglais, et les trois Fuégiens se retrouvèrent à bord du *Beagle* au moment où je joignais l'équipage du navire.

– Maître George, déclara Jemmy, vous pas aimer notre Terre de Feu. Elle est pleine d'orages terribles et nous avoir beaucoup de tonnerre aussi. Vous avoir peur.

Pendant quelques mois, nous explorâmes le littoral de l'Amérique du Sud. Nous vîmes la Patagonie mais décidâmes finalement de pousser plus au sud. Jemmy Button, York Minster et Fuegia Basket allaient retrouver leur pays. Une semaine avant Noël, nous entrâmes dans le Golfe de Bahia Grande. Nous avions encore quelques jours de traversée devant nous, mais Jemmy avait déjà les larmes aux yeux. Pour ma part, tout cela ne me disait rien de bon. Nous longeâmes une côte accidentée et rocailleuse. Une forêt dense descendait des montagnes jusqu'au rivage et les sommets étaient cachés à nos yeux par d'épais nuages gris. La pluie tombait sans cesse et le vent soufflait fort. Nous fûmes contents d'atteindre enfin le port abrité de Bahia Grande.

Malgré tout, je n'étais pas rassuré. Un petit groupe de Fuégiens avait suivi les mouvements de notre bateau et, de temps à autre, on entendait des cris sauvages qui se faisaient écho au sommet des collines. Çà et là, nous les apercevions qui détalaient dans la forêt, à la lisière des plages. J'eus le sentiment qu'une lourde tâche attendait notre missionnaire.

Le lendemain matin, nous descendîmes une chaloupe et nous rendîmes à terre. J'étais assis aux côtés de M. Darwin. Il avait l'air tendu, tout comme les marins et M. Matthews, qui nous accompagnait. Jemmy, qui avait gagné l'amitié de M. Darwin, était également avec nous. Même lui n'avait pas l'air aussi heureux qu'on aurait pu s'y attendre. Le capitaine FitzRoy se mordillait les lèvres et tapotait nerveusement des doigts le flanc de la chaloupe. Quatre Fuégiens nous attendaient sur la plage et, comme nous approchions, l'un d'eux se mit à hurler en agitant les bras.

– Lui montrer nous où le bateau peut accoster, expliqua Jemmy. Lui être le chef.

Nous sautâmes hors de la chaloupe et la hissâmes sur le sable. Les quatre Fuégiens étaient impressionnants. Ils étaient très grands et leur peau était couleur de cuivre terni. Ils avaient des cheveux noirs, qu'ils portaient longs et hirsutes. Le chef était un vieil homme et son visage était barré de deux bandes de peinture. Une bande rouge, qui allait d'une oreille à l'autre, au-dessus de laquelle il avait tracé une autre bande blanche. Même ses paupières étaient peintes en blanc.

Comme ils nous regardaient ! Leurs visages portaient des traces de charbon noir et l'un d'entre eux avait un trait blanc sur les paupières, comme le chef.

Le capitaine FitzRoy se montra très courageux. Il leur avait apporté comme présent des pièces d'étoffe rouge qu'ils aimèrent beaucoup. Ils enroulèrent le tissu autour de leur cou, et nous fûmes aussitôt amis. L'un deux s'approcha de moi en faisant claquer sa langue avec une grimace affreuse. La seule chose dont je me souvienne c'est que je me suis retrouvé cloué au sol, abruti sous le choc. Le Fuégien m'avait envoyé un coup de poing dans la poitrine. Un des marins du *Beagle* leva le poing et se précipita pour me protéger.

– Non, non ! lança Jemmy inquiet. C'est un ami. Lui homme bon. Les Fuégiens me relevèrent et me tapotèrent la poitrine, mais cette fois avec un peu plus de douceur.

– Eux vouloir seulement dire bonjour, expliqua Jemmy. C'est comme une poignée de main.

Pendant ce temps, M. Darwin se faisait tapoter la poitrine par le chef. Puis le vieil homme rejeta sa cape de cuir en arrière et convia M. Darwin à lui rendre son salut. Ils se comprenaient parfaitement et bientôt ils se mirent à rire ensemble.

– Si on leur chantait une chanson ? suggéra Robert Hammond, un de nos compagnons d'équipage.

Nous dansâmes tous ensemble, en chantant à tue-tête. Quel étrange spectacle cela devait être ! M. Darwin, le capitaine FitzRoy et les autres dansant avec des Fuégiens sur une plage déserte, à des milliers de milles de chez nous !

Le pauvre Jemmy Button n'avait pas la vie si facile ! Les Fuégiens étaient très intrigués.

D'une certaine manière, il était aussi différent d'eux qu'il l'était de nous. Le chef s'entretint un long moment avec lui, mais Jemmy me confia plus tard qu'il avait eu le plus grand mal à comprendre ce qu'il disait.

Ils étaient de régions et de tribus différentes. Jemmy avait un peu honte de ses compatriotes, car il les trouvait terriblement frustes. Le pauvre était déchiré ! Il comprenait qu'il n'était pas vraiment des nôtres, mais il n'était pas non plus l'un d'entre eux, et cela l'attrista beaucoup. Le lendemain, M. Darwin, Jemmy et moi levâmes le camp pour aller explorer les environs. Nous emportâmes des vivres et des boissons et l'on me confia les petites boîtes à collection de M. Darwin. A la mi-journée, nous étions à la fois fatigués et déprimés. Nous avions traversé une haute forêt de hêtres, mais cela n'avait rien à voir avec la jungle brésilienne. Ici, tout était sinistre et les arbres morts pourrissaient sur le sol détrempé par l'humidité. Nous découvrîmes un petit torrent de montagne et, avec la plus grande difficulté, nous grimpâmes en direction du sommet, en suivant la lisière de la forêt. De là-haut, on surplombait une zone de marécages désolés au-delà de laquelle on pouvait voir des sommets enneigés de hautes montagnes. Nous n'étions pas très tentés par la perspective de vivre dans un tel pays. C'était une terre de grand vent et de pluies, de neige fondue et de

nuages de plomb. Nous retournâmes au bateau à la fin de la journée, et nous fûmes heureux de nous retrouver parmi nos amis. Je me sentais bien dans la tiédeur de la cabine de M. Darwin, dont le contenu me donnait un sentiment de sécurité.

Le jour de Noël 1832, notre navire était ancré à proximité du cap Horn, face à la péninsule la plus avancée de l'Amérique du Sud. Il y avait de nombreuses petites îles autour du cap Horn et nous eûmes beaucoup de chance de ne pas nous fracasser sur leurs rivages rocheux. Le lieutenant Sullivan m'avait prévenu du risque, et m'avait raconté des histoires de bateaux naufragés. Nous avions

navigué dans « la dent » du vent, à travers de hautes vagues, et notre navire avait essuyé de lourdes rafales, sous une pluie battante. D'après le lieutenant Sullivan, c'était les pires conditions météorologiques du monde.

C'est là que nous passâmes Noël, à Wigwam Cove, une petite baie abritée des intempéries. Les Fuégiens explorèrent la plage pour ramasser des coquillages sur les rochers, et c'est ainsi qu'ils découvrirent les restes d'un de leurs wigwams.

Quelques jours plus tard, nous fîmes voile vers l'île de Wollaston. Nous croisâmes un canoë occupé par six Fuégiens complètement nus. Il faisait un temps glacial et pluvieux, et jamais de ma vie je n'avais vu des gens à l'aspect si misérable. Ils n'avaient pas même pris la peine de dresser un wigwam et dormaient à même le sol, sans aucune protection. Leur nourriture était essentiellement composée de coquillages, qu'ils ramassaient sur les rochers ou de vilaines baies sauvages qu'ils cueillaient dans les buissons. De temps à autre, ils tuaient un phoque, ou alors ils trouvaient le corps pourrissant d'une baleine échouée sur le rivage et ils faisaient ainsi des provisions pour plusieurs jours.

– Ces gens-là sont des sauvages, Maître Georges. Vous faire attention ! Eux manger vous !

Je ne voulus pas le croire.

– C'est vrai, Maître Georges. Quand eux avoir plus rien à manger, eux manger leurs chiens. Mais eux manger les vieilles dames d'abord.

Le 30 décembre, nous hissâmes à nouveau les voiles. Nous allions maintenant contourner le cap Horn et explorer la côte occidentale de la Terre de Feu. À la mi-janvier, nous arrivâmes en vue d'une énorme montagne. Le capitaine Cook, le célèbre explorateur, l'avait baptisée York Minster, en hommage à la grande cathédrale de York, en Angleterre. Maintenant je comprenais pourquoi notre ami fuégien portait ce curieux nom. York rentrait chez lui avec la douce et tendre Fuegia, et ils seraient bientôt mari et femme. Après un violent orage, nous jetâmes l'ancre à Ponsonby Sound. Quatre chaloupes furent équipées pour remonter un étroit canal qui avait été découvert par le capitaine FitzRoy lors de son précédent voyage. Le canal se faufilait entre de hautes chaînes de montagnes, et le capitaine l'avait baptisé le Canal Beagle.

Jemmy Button était très excité, car nous étions arrivés dans sa véritable patrie. Les Fuégiens allumèrent des feux sur le rivage pour annoncer notre arrivée. Certains d'entre eux agitaient des bâtons en nous menaçant.

Quand nous accostâmes un peu plus loin, nous fûmes accueillis par un groupe hostile qui était descendu sur la plage. Nous leur donnâmes de petits présents pour les calmer : des morceaux d'étoffe rouge et des gâteaux secs. Ils enroulèrent le tissu autour de leurs têtes, puis exigèrent les boutons en métal argenté de nos vestes. En fait, ils voulaient tout ! Jemmy avait de plus en plus honte des siens.

Nous décidâmes de camper pour la nuit, mais les Fuégiens s'étaient enhardis. Lorsque le capitaine FitzRoy les menaça de son épée, ils éclatèrent de rire. Ils étaient prêts à nous attaquer et à nous défoncer le crâne avec de gros cailloux qu'ils tenaient dans leurs mains. Le capitaine FitzRoy tira un coup de mousquet en l'air, mais ils n'eurent même pas peur. Ils ne savaient pas qu'ils risquaient de se faire tuer. Nous survécûmes à cette première nuit et, le lendemain, nous poursuivîmes notre voyage le long du Canal Beagle. La forêt descendait jusqu'au bord de l'eau et de hautes montagnes déchiquetées se dressaient à l'horizon.

La deuxième nuit, un petit groupe de Tekenika vint à notre rencontre. Ils étaient nus, et leur seule parure était des motifs peints de couleur vive, à même la peau. Ils ressemblaient à des démons multicolores. Ces gens-là appartenaient à la tribu de Jemmy Button et ils nous escortèrent le long du Canal Beagle jusqu'à Woollya's Cove, où vivait la mère de Jemmy Button et toute sa famille.

La nature du sol étant plus propice à cet endroit, nous dressâmes deux grands wigwams. Il fut décidé que M. Matthews, le missionnaire, et Jemmy vivraient là. Après discussion, York et Fuegia décidèrent de rester avec eux et renoncèrent à poursuivre leur voyage plus à l'ouest pour rejoindre les leurs. Pendant cinq jours entiers, nous travaillâmes dur pour leur planter un jardin et semer des graines. Le capitaine FitzRoy leur laissa aussi des caisses de matériel et plein de provisions.

Au matin du 24 janvier, il apparut que toute la tribu de Jemmy Button était arrivée sur les lieux. Sa mère et ses frères étaient là aussi. J'étais impatient d'assister à leurs retrouvailles, mais le pauvre Jemmy allait être bien déçu. Sa mère se contenta de le regarder fixement, puis s'éloigna. Jemmy tenta de parler avec ses frères, mais constata qu'il avait presque oublié leur langue. Pourtant, malgré ce voile de tristesse, tout le reste semblait se passer pour le mieux. Plus d'une centaine de Fuégiens nous aidèrent à construire le campement de M. Matthews. Ou plutôt, les femmes firent le gros travail pendant que les hommes, assis, les regardaient faire.

Trois jours après notre arrivée à Wollya's Cove, une chose étrange se déroula. Les femmes et les enfants disparurent et se cachèrent dans la forêt environnante. Redoutant une attaque surprise, le capitaine FitzRoy décida de partir et d'établir un camp quelques miles plus loin. M. Matthews, quant à lui, se montra extrêmement courageux. Il fit confiance à Dieu et décida de rester avec Jemmy, York et Fuegia. Nous leur souhaitâmes une bonne nuit et les quittâmes. Quand nous revînmes le lendemain matin, tout était calme et normal ; aussi le capitaine FitzRoy décida de poursuivre son exploration du pays, mais promit de revenir à Woollya's Cove en temps voulu. Nous reprîmes les bateaux et partîmes pendant près d'une semaine.

A notre retour, nous retrouvâmes M. Matthews dans un bien triste état, car il avait été bien maltraité par la tribu de Jemmy. Il avait été encerclé par eux jour et nuit, et avait dû monter la garde en permanence par peur d'être volé. Ils l'avaient menacé avec des bâtons et des pierres et il avait dû leur donner tout ce qu'il possédait. Le capitaine FitzRoy lui donna l'ordre de regagner le *Beagle* avec nous, mais nous laissâmes Jemmy, York et la douce Fuegia se débrouiller tout seuls.

Un an plus tard, en mars 1834, nous revînmes à Wollya's Cove, mais nous trouvâmes l'endroit déserté. Nous étions sur le point de repartir lorsque nous vîmes un canoë qui venait au-devant de nous. Dans ce canoë se trouvait un Fuégien maigre et repoussant, les cheveux en broussailles, qui essayait désespérément d'effacer une trace de peinture sur son visage. Comme le canot s'approchait, nous réalisâmes que nous avions devant nous notre vieil ami Jemmy Button. Ce fut un choc terrible. Il se lava un peu et, un peu plus tard ce même soir, nous présenta sa jeune épouse. M. Darwin lui demanda des nouvelles de York Minster et de Fuegia, mais Jemmy cracha sur le sol. Il nous raconta que Jemmy avait volé ses affaires et, entraînant Fuegia à sa suite, s'était enfui en canoë pour rejoindre sa propre tribu.

Nous reprîmes le Canal Beagle pour retourner à la mer et poursuivre notre voyage. Jemmy nous suivit des yeux depuis le rivage, et alluma un feu. C'était sa façon à lui de nous faire ses adieux et, quand nous contournâmes le cap, nous vîmes une traînée de fumée blanche s'élever au-dessus des arbres. Nous ne devions plus jamais revoir Jemmy.

Dans la pampa

L' Amérique du Sud est un continent immense ! Elle comprend de nombreux pays, et nous eûmes l'occasion d'en visiter plusieurs au cours de notre long voyage. L'une de nos explorations eut lieu après notre séjour en Terre de Feu. Au lieu de remonter la côte ouest du pays, le capitaine FitzRoy décida de contourner à nouveau le cap Horn et de retourner à Buenos Aires. Nous longeâmes la côte peu accueillante de la Patagonie et, en août 1833, jetâmes l'ancre à l'embouchure du Rio Negro. C'est un large fleuve qui coule dans une grande vallée, jusqu'à la mer. M. Darwin demanda au capitaine FitzRoy la permission de débarquer et d'effectuer à terre les cinq cents miles qui nous séparaient de Buenos Aires. Là, il retrouverait le *Beagle* et rejoindrait l'équipage du bateau.

J'avais très envie de partir avec lui, et dès que j'entendis ses projets, je décidais de quitter le *Beagle* moi aussi pour l'accompagner dans son voyage à terre. J'aidais M. Darwin à préparer ses bagages et son équipement mais, avant qu'il n'ait pris congé du capitaine, je quittais le *Beagle* en secret. M. Darwin avait convenu d'un rendez-vous avec un certain M. Harris, un Anglais qui habitait dans la ville proche de Pantagones. Ils avaient convenu de voyager ensemble, avec un guide et quatre cowboys qu'on appelait dans ce pays des gauchos. Je suivis M. Darwin jusqu'à Patagones et, comme ils étaient en train de seller leurs chevaux, j'osais faire mon apparition. M. Darwin eut un choc en me voyant.

– Georges ! Mon Dieu, mon garçon, que faites vous donc ici ? s'écria-t-il en me regardant d'un air ahuri. Vous devriez être sur le *Beagle,* jeune homme ! Fichez-moi le camp ! Et en courant, sinon vous allez rater le bateau !

Je me sentais très mal à l'aise. Les huit hommes me regardaient de haut, perchés sur leurs chevaux.

– Je ne peux pas retourner au bateau, Monsieur. Il est déjà reparti.

M. Darwin grommela.

– Harris, je vous dois des excuses. Ce jeune voyou n'en fait qu'à sa tête. Je préfère ne pas penser à ce que dira le capitaine FitzRoy quand il le reverra. Il est bien capable de l'écorcher tout vif !

M. Harris me fixait durement de son regard d'acier.

– Ce garçon est un déserteur, Darwin. Il a fui un bateau de la Royal Navy. Il sera sévèrement puni — fouetté, pour le moins !

Je restais là, levant les yeux sur eux. Je me sentais tout petit et j'avais peur.

– Il n'a qu'à venir avec nous, maintenant, poursuivit l'Anglais. Il donna des ordres en espagnol à l'un des gauchos qui me lança un regard terrible. Il sauta à bas de son cheval et alla seller un des chevaux de réserve du groupe.

– Savez-vous monter, mon garçon ? s'enquit M. Harris.

– Non, Monsieur. Je n'ai jamais mis le pied sur un cheval.

– Eh bien ! il est grand temps d'apprendre, jeune homme ! décréta M. Harris. Avant la fin de la journée, vous aurez les fesses tannées. Mais vous ne l'avez pas volé !

Un gaucho tira sur les rênes de son cheval, qui semblait prêt à me piétiner. Il se pencha vers moi et me souleva de son bras puissant. Il éperonna sa monture pour se rapprocher de celle qui m'était destinée et me balança sur son dos. Un éclat de rire s'éleva quand je me relevais et tentais de me maintenir en position assise.

Après une série de faux départs, je parvins finalement à suivre les cavaliers expérimentés et, à la tombée du jour, je me sentis si raide et fourbu que je regrettais presque le confort du *Beagle*. Même la colère du capitaine FitzRoy m'aurait paru un châtiment bien plus doux ! Le jour suivant, tout courbatu, je dus encore me débattre pour rester en selle, et nous chevauchâmes toute la journée à travers un paysage aride, poussiéreux et monotone, très légèrement vallonné. Une herbe brune et desséchée tentait de pousser entre des buissons épineux. Les chevaux s'abreuvèrent à un puits dont l'eau avait une odeur déplaisante. Nous dûmes nous abstenir. L'eau potable que nous transportions dans des gourdes en cuir était strictement rationnée. Je n'ai jamais eu aussi soif de ma vie.

Nous aperçûmes devant nous un arbre s'élevant au sommet d'un petit monticule. Nos compagnons gauchos sortirent leurs armes et scrutèrent aussitôt les environs immédiats, à la recherche des Indiens. M. Harris informa M. Darwin que nous allions passer devant l'autel du dieu indien Waleechu. Quand nous arrivâmes à hauteur de l'arbre, nous vîmes que ses branches noueuses et sans feuilles étaient surchargées de petites offrandes. Retenus par une ficelle, il y avait là des petits morceaux de pain et de viande, des fragments de tissu, et même un cigare ! C'est alors que nous remarquâmes, à la base de l'arbre, des os de cheval, blanchis par une longue exposition au soleil. M. Darwin mit pied à terre pour les examiner.

— Nous ne pouvons pas rester ici trop longtemps, Darwin, déclara M. Harris. Nous risquons d'être attaqués.

M. Darwin remonta en selle avec réticence. Il s'adressa à un gaucho qui comprenait l'anglais, et apprit que les Indiens abattaient leurs chevaux en sacrifice.

— Il faut y aller, ordonna M. Harris, inquiet. Il avait remarqué que les gauchos étaient nerveux, et qu'ils tripotaient impatiemment leurs armes.

— Je préfèrerais que nous campions aussi loin d'ici que possible, poursuivit-il. Il va faire nuit bientôt et nous sommes très probablement observés par les Indiens, maintenant déjà.

Nous continuâmes donc. Les chevaux étaient fatigués après cette journée épuisante et semblèrent soulagés, autant que nous, lorsque M. Harris donna l'ordre d'arrêter pour établir notre campement.

Le lendemain, nous levâmes le camp et reprîmes notre route. Nous avancions depuis une heure environ lorsque soudain M. Darwin poussa un cri.

– Georges ! Georges ! Regardez, à votre droite !

Je me dressais sur mes étriers, et tendis le cou pour regarder au-delà des fourrés sur le côté de la piste.

– Whoa ! s'exclama M. Harris, et nous stoppâmes les chevaux.

– Ce sont des guanacos, fit M. Darwin, tout excité. Des lamas sauvages.

Je n'avais jamais vu de telles créatures. Il y en avait une douzaine environ, qui nous regardaient fixement. Je fus frappé par leur élégance, en parti-

culier par leur cou long et mince. L'un d'entre eux haussa un peu la tête et poussa un petit hennissement aigu. Les autres répondirent à ce qui était sans doute un signe d'alerte du chef du troupeau. Ils s'éloignèrent, très lentement, en gardant un œil inquiet sur nous. Les guanacos s'enfuirent soudain au petit galop sur une piste poussiéreuse à travers les broussailles. Le troupeau était visiblement pris de panique. Ils hennissaient très fort et s'étaient mis à courir dans tous les sens. Mais il était difficile de voir ce qui se passait à cause de la poussière qu'ils soulevaient. L'un des gauchos saisit brusquement son arme et épaula. Jetant un regard vers le troupeau dispersé, je vis, horrifié, un lion agrippé à la gorge de l'un des lamas.

– Ne tirez pas ! s'écria M. Darwin. Ne tirez pas !

– Mais... c'est un lion, M. Darwin. Je tire... non ?

– Non ! hurla M. Darwin. Laissez la nature suivre son cours !

Le gaucho rabaissa son arme avec réticence et s'éloigna en maugréant. Comme nous reprenions notre avance, M. Darwin nous expliqua que l'animal que nous avions vu attaquer le troupeau était **un puma** — un lion d'Amérique du Sud.

Les pumas sont, dit-on, des animaux très intelligents et rusés. Nous devions découvrir plus loin de nouvelles traces de leur présence, en voyant des squelettes de lamas dispersés sur le sol. Ils avaient eu le cou brisé dans leur lutte avec leur pire ennemi.

M. Darwin repéra des empreintes, dont certaines étaient encore fraîches, mais nous ne vîmes pas d'autres pumas. Le gaucho qui avait dû renoncer à tirer devenait de plus en plus maussade. Il s'était senti insulté, car il avait manqué une occasion de se vanter de ses exploits auprès de ses compagnons. Pour ma part, j'étais content que le puma soit encore vivant.

Au crépuscule, nous installâmes notre camp et allumâmes un feu de broussailles. Peu après notre repas du soir, le gaucho qui avait été contrarié vint à moi en souriant.

– Maître Georges, je vous apprends à chasser ? C'est un bon exercice... Nous allons trouver plein de gibier, vous venez ?

Je ne tenais pas tellement à l'accompagner, mais je vis le long couteau effilé qu'il portait à son ceinturon, et compris qu'il valait mieux que je le suive. Les autres gauchos s'étaient mis à chanter, et personne n'avait remarqué son départ dans la pénombre.

– Allons-y, fit-il. Ce n'était pas la peine de le dire aux autres. Venez !

Eduardo — car tel était son nom — et moi, nous glissâmes sans bruit hors du camp. Nous baissâmes la tête pour rester à l'abri des fourrés et nous dirigeâmes vers l'endroit où broutaient les chevaux. Il me hissa sur son cheval et sauta lui-même dessus, à cru. Nous pûmes nous éloigner sans que personne ne remarque notre départ, et Eduardo partit d'un grand éclat de rire.

– Nous allons trouver de gros oiseaux. Et des pumas. Eduardo est un grand chasseur !

Nous chevauchions depuis quelques minutes à peine, lorsque soudain nous entendîmes comme un vrombissement au-dessus de nos têtes. Notre monture se cabra et retomba en gémissant de peur. Quelque chose avait atteint sa patte arrière gauche. Eduardo se raccrocha à sa crinière, car la bête effrayée s'était précipitée à travers les buissons. Mes jambes et les flancs du cheval étaient lacérés par les épines, mais notre course folle se poursuivit sans que nous puissions en reprendre le contrôle. Une lance siffla entre ma tête et celle d'Eduardo, suivie aussitôt par une autre. Notre cheval trébucha et tomba en nous entraînant dans sa chute. Nous étions hors d'haleine et très effrayés. Eduardo poussa un cri, car une troisième lance venait de lui transpercer la poitrine, en le tuant sur le coup. Je rampais rapidement sous couvert, car une petite troupe d'Indiens s'était approchée dans l'obscurité. Peut-être ne m'avaient-ils pas vu et pensaient-ils qu'il n'y avait qu'un seul cavalier sur le cheval. Je ne le saurai jamais. En tout cas, ils coururent à la poursuite de l'animal qui boitait maintenant, et le capturèrent. Ils disparurent en un rien de temps dans les fourrés d'alentour et me laissèrent allongé sur le sol, tremblant de peur et le cœur battant.

Une heure plus tard environ, je retournais vers la lumière de notre feu de camp, et la colère de M. Harris et de M. Darwin. Ils avaient entendu les échos de l'attaque et ils étaient vraiment furibonds. Les autres gauchos m'entourèrent et demandèrent des nouvelles de leur camarade. Je leur expliquais de mon mieux comment les choses s'étaient passées. M. Darwin vit ma panique et comprit que j'avais échappé de très peu à la mort.

– Georges, vous n'êtes qu'un gredin ! Quand donc allez-vous comprendre ? Vous allez déjà avoir à affronter le courroux du capitaine FitzRoy

et ici, avec nous, vous vous êtes comporté de la manière la plus inconsciente ! Je sais pourtant que vous êtes un brave garçon et je suppose qu'il faut surtout blâmer Eduardo, le pauvre !

M. Harris hocha la tête tristement.

– Il avait une femme et des enfants, qui vivent dans son ranch, fit-il. C'est une bien triste nouvelle, vraiment.

Je dus raconter tout ce qui s'était passé, mais je ne parvenais pas à expliquer le bruit surprenant que j'avais entendu. Aussi étais-je bien incapable de dire pourquoi notre cheval s'était mis soudain à boiter.

C'était resté pour moi un mystère.

– Il y a une explication très simple, fit M. Harris. Ces Indiens ont suivi notre piste depuis le départ. Ils détestent les Blancs et tout ce qu'ils représentent, car ils ont été chassés par eux de leurs terres. Il y a dans ce pays un militaire, le général Rosas, qui s'est donné pour mission d'exterminer tous les Indiens — homme, femme ou enfant. Son armée est sans doute en patrouille à quelques miles d'ici seulement. Certains Indiens se rendent et mènent une vie misérable, au service de l'homme blanc. Mais la plupart choisissent le combat. Bientôt, il n'en restera plus un seul dans tout le pays. Les Indiens qui vous ont attaqués attendaient patiemment une occasion propice. Ce sont des chasseurs habiles, et ils ont inventé une arme qu'on appelle des bolas. Regardez ! Il ouvrit un sac de cuir et me montra un instrument étrange mais diaboliquement efficace.

– Les Indiens utilisent trois pierres. Deux d'entre elles sont à peu près de la taille d'une pomme. La troisième est un peu moins grosse. Vous voyez comment elles sont reliées entre elles par ces solides courroies de cuir ?

À la lumière du feu de camp, j'observais comment les trois pierres étaient rattachées l'une à l'autre.

– Ils tiennent l'une des pierres dans la main et font tournoyer les deux autres à hauteur de la tête. Puis ils lâchent les bolas, qui sont ainsi projetées vers la cible, qui peut être le cou d'un lama ou bien, pourquoi pas, la jambe d'un cheval ennemi. Les pierres et les courroies s'enroulent autour de l'animal, et le choc peut provoquer la fracture d'un cou ou d'une patte.

J'avais vraiment eu beaucoup de chance d'échapper à la capture et peut-être à la mort. La famille du pauvre Eduardo avait perdu le soutien d'un père et, d'une certaine manière, je sentais que j'avais ma part de responsabilité. Je dormis peu cette nuit-là, sous les étoiles, et quand je réussis à fermer les yeux, ce fut pour rêver de bolas et de lances indiennes.

Fossiles et
oiseaux géants

Quelques jours après nos aventures en terri-
toire indien, nous atteignîmes le village de
Bahia Blanca. Je fus très soulagé en
voyant les murs fortifiés qui, par précaution
supplémentaire, avaient été entourés d'un profond
fossé. Des soldats montaient la garde sur les rem-
parts, et nous jetèrent un regard suspicieux lorsque
nous entrâmes par la porte principale. Elle fut
immédiatement refermée derrière nous, et les petites maisons crasseuses qui nous entouraient nous
semblèrent un havre de paix. Le village vivait
cependant sous la menace constante des tribus
indiennes du voisinage, car le gouvernement avait
réquisitionné leurs terres. Durant notre court
séjour, nous pûmes néanmoins faire une ou deux
excursions dans la région.

J'étais très nerveux pendant tout le séjour à
Bahia Blanca, car je savais que le *Beagle* y était
attendu à la fin du mois d'août. Comme vous pouvez l'imaginer, j'étais plein d'appréhension à la
perspective de revoir le capitaine FitzRoy. J'avais
en tête un projet secret que je gardais pour moi

seul. Même M. Darwin n'était pas au courant. Si vraiment le capitaine FitzRoy avait l'intention de me punir aussi durement que M. Harris l'avait dit, alors je m'enfuirais et je deviendrais gaucho !

Le 24 août, nous aperçûmes les voiles blanches du *Beagle* qui était ancré dans le port. Je me joignais au comité d'accueil pour saluer le capitaine FitzRoy à son arrivée à terre. Après avoir serré la main de M. Darwin et de M. Harris, il se tourna vers moi avec une expression menaçante.

– Je suis bien étonné de vous voir ici, mon garçon ! J'avais cru comprendre que vous aviez déserté !

Sans me laisser le temps de répondre, il donna l'ordre de me mettre aux arrêts, et je fus entraîné de force dans la barque, qui repartait vers le *Beagle*. En me retournant, je pus voir le capitaine FitzRoy et M. Darwin qui se disputaient violemment en me désignant du doigt.

Un peu plus tard, le même jour, je fus convoqué dans la cabine du capitaine. Il me dit que je m'étais conduit stupidement, et que, n'eût été mon jeune âge et l'intervention de M. Darwin, il m'aurait fait fouetter. À la réflexion, il avait été décidé que ma punition serait moins terrible. Je serais consigné sur le bateau pendant toute une semaine et tenu de récurer le pont du matin jusqu'au soir. Je fus également mis à l'eau et aux gâteaux secs. Il ne fut plus jamais question de mon absence, et j'ai appris par la suite qu'elle n'avait jamais été mentionnée à l'Amirauté à Londres.

M. Darwin s'arrangea pour prolonger son séjour à Bahia Blanca avant de poursuivre son voyage vers Buenos Aires et je fus autorisé à rester également. Avant de partir, M. Darwin voulait faire d'autres explorations à cheval à travers les plaines et jusqu'à certains rochers éloignés. C'était un projet dangereux, car il y avait un grand risque de se faire attaquer par les Indiens. Mais quand il avait décidé quelque chose, rien ni personne ne pouvait l'arrêter. Et c'est ainsi que nous partîmes pour Punta Alta qui semblait, à première vue, une plaine plate et monotone, couverte de boue, de cailloux et de sable. Nous passâmes la journée à gratter la terre pour récolter des échantillons de roches. Soudain, M. Darwin eut une réaction de surprise et m'appela pour me montrer ce qu'il avait trouvé. Un os énorme pointait hors de la roche friable. Nous travaillâmes fébrilement à dégager l'endroit, et trouvâmes d'autres os. Même moi, j'avais réalisé qu'ils devaient être très vieux, mais ce que je ne voyais pas, c'est qu'ils appartenaient tous à un seul et même squelette. M. Darwin était très excité.

— C'est aussi grand qu'un rhinocéros, Georges ! Mais je ne pense pas que vous puissiez deviner de quoi il s'agit.

Je secouais la tête, déconcerté.

— Nous avons découvert un géant, Georges, poursuivit M. Darwin. Vraiment, Georges, cela devait être un animal de taille gigantesque, et ce squelette est très, très ancien ! Cet animal vivait sur notre planète il y a des siècles, et aujourd'hui il a complètement disparu. Je regardais à nouveau l'extraordinaire ensemble d'os que nous venions de mettre à jour. M. Darwin ajouta :

— J'en suis venu à la conclusion que les animaux vont et viennent, et que l'homme pourrait bien disparaître un jour à jamais.

Cette dernière remarque me fit réagir.

— Le capitaine FitzRoy ne vous approuverait pas, Monsieur. Il prétend que nous venons tous d'Adam et Ève et du paradis terrestre. Nous ne disparaîtrons que si telle est la volonté de Dieu.

M. Darwin sourit doucement.

— Contrairement au capitaine FitzRoy, Georges, je ne connais pas toutes les réponses, mais je me pose beaucoup de questions. J'essaye d'y trouver des réponses, mais elles ne viennent pas facilement. Je pense que l'animal dont nous venons de découvrir le squelette vivait à une époque où il n'y avait pas d'hommes sur la terre.

— On ne raconte pas des choses pareilles dans la sainte Bible, Monsieur. Vraiment, vous dites des choses étranges. Le capitaine FitzRoy...

— Ah ! le capitaine FitzRoy... Lui et moi avons débattu de cette question, et nous sommes tombés d'accord pour reconnaître que nous n'étions pas d'accord ! Je cherche seulement à découvrir la vérité et, si je la trouve un jour, j'écrirai tout ça dans un livre. Quand vous aurez fait des progrès en lecture, comme je n'en doute pas, vous me ferez, j'espère, l'honneur de me lire.

Nous restâmes à Bahia Blanca quelques semaines au cours desquelles nous découvrîmes d'autres aspects de la région. Un jour, nous descendîmes jusqu'à l'estuaire d'une rivière. C'était une zone marécageuse où nous pouvions rester à couvert dans les roseaux et observer tout à loisir les étangs environnants. Nous aperçûmes de très curieux oiseaux. Ils étaient démesurément grands, et quatre d'entre eux avançaient à grandes foulées, sur leurs longues pattes, à travers une vaste étendue de boue séchée. Craignant sans doute une attaque, ils regardaient autour d'eux avec de gros

yeux globuleux qui semblaient sortir de leur tête chauve. Ils ressemblaient beaucoup à des autruches. Il ne fallait pas être bien malin pour deviner qu'ils étaient incapables de voler. D'abord, ils avaient l'air beaucoup trop lourds, et puis ils avaient des ailes minuscules. Ils picoraient l'herbe et les racines des plantes qui poussaient en bordure de l'estuaire. Nous les vîmes également attraper des poissons dans des petits ruisseaux qui couraient dans le marais. Je voulais m'en approcher pour mieux les voir, mais ils me repérèrent tandis que je rampais dans leur direction. Ils prirent la fuite en courant et en battant stupidement des ailes, pour aller se mettre à l'abri dans une touffe de roseaux. Ils disparurent à nos yeux, mais M. Darwin était résolu à trouver où ils étaient passés.

Avec d'infinies précautions, nous approchâmes des roseaux et nous frayâmes un chemin entre les touffes serrées. Imaginez ma surprise lorsque je me retrouvais face à face avec l'un de ces oiseaux farouches ! Il était sans doute aussi surpris que moi et se mit à me siffler au visage, ce qui me fit reculer aussitôt. Il battit des ailes et tendit une patte dans ma direction. Ses griffes me ratèrent de quelques pouces à peine, et je crois que j'ai eu beaucoup de chance, car j'aurais pu être sérieusement blessé par un tel coup.

Heureusement pour moi, l'oiseau s'enfuit à travers les roseaux avec ses trois autres comparses. M. Darwin m'aida à me remettre sur pied et, bien que je ne sois pas tout à fait remis de mes émotions, nous les regardâmes courir vers l'eau et nager jusqu'à une île proche. Quand j'eus repris mon souffle, M. Darwin m'apprit que ces oiseaux qui ressemblaient à des autruches s'appelaient des nandous.

Au cours des mois de septembre et d'octobre, nous trouvâmes des œufs de nandous dans toute la région. Ils étaient énormes, plus gros que des noix de coco, et beaucoup étaient abandonnés parmi les pierres. Les gauchos me racontèrent que ceux-là n'éclosaient jamais. Un jour, nous eûmes la chance de découvrir un vrai nid. Nous avions du mal à en croire nos yeux. Dans une large cavité, creusée dans le sol, étaient déposés vingt-deux œufs géants de nandou. Nous les recomptâmes trois fois, juste pour être sûrs ! Un peu plus tard, M. Darwin et moi fîmes bande à part. Tandis qu'il ramassait des échantillons de roche, je décidais d'aller faire un tour. Je découvris un autre nid dans lequel je ne comptais pas moins de vingt-sept œufs ! Je les soulevais avec beaucoup de précautions et, comme le dernier que je pris en main était tiède, je décidais qu'il ne manquerait pas trop à ses parents et remontais à cheval en l'emportant avec moi, serré contre ma poitrine.

Il y eut un soudain remue-ménage derrière un buisson et l'un des parents, sifflant de rage, se précipita à ma poursuite. Je talonnais mon cheval qui était au moins aussi effrayé que moi par l'animal. L'oiseau, furieux, nous rattrapa en bondissant. À deux ou trois reprises, il faillit me faire tomber de selle. Dans ma hâte, je craignais d'avoir écrasé l'œuf ou de l'avoir laissé tomber, mais je continuais à galoper pour échapper à notre attaquant. Quelques minutes plus tard, j'eus rejoint M. Darwin, et j'ai honte d'avouer que je ne lui dis rien de cette aventure. Je prétendis simplement que mon cheval et moi venions de piquer un bon galop à travers plaine.

M. Darwin me précisa plus tard que c'était le nandou mâle qui couvait les œufs et montait la garde auprès du nid. Comme vous l'imaginez, je ne fus pas en mesure de le contredire ! Il me dit également que les gauchos avaient trouvé des nids qui comptaient jusqu'à cinquante œufs. Il pensait que le même nid pouvait être utilisé par quatre ou cinq nandous femelles, ce qui expliquerait, bien entendu, ces chiffres étonnants.

Je rejoignis finalement le *Beagle*. M. Darwin
poursuivit son voyage vers le Nord et Buenos
Aires, emmenant avec lui un seul gaucho. M. Harris fut très contrarié par ces dispositions, mais
M. Darwin, toujours aussi courageux, était prêt à
risquer sa vie dans l'intérêt de la science. Je le
suppliais de m'emmener avec lui, mais il ne voulut
pas en entendre parler et, de toute façon, le capitaine FitzRoy insistait pour que je réintègre
l'équipage du navire. C'est avec des larmes dans
les yeux que je fis mes adieux à mon grand ami. Il
prit la route le 8 septembre 1833, et je ne devais
pas le revoir avant décembre de cette même année.
Quand il nous rejoignit sur le *Beagle,* il passa
beaucoup de temps à me raconter ses aventures
sur le continent.

— La nuit, Georges, la plaine tout entière est
embrasée par les feux allumés par l'armée de

Buenos Aires, commandée par le général Rosas. Ils donnent la chasse à tous les Indiens, et les soldats ratissent la région en brûlant les terres au fur et à mesure de leur avance. Ces feux font fuir les Indiens, et leurs terres sont récupérées par des éleveurs qui viennent s'y installer pour y bâtir leurs fermes. Un jour, l'herbe s'étendra à perte de vue dans la région, et les troupeaux de bœufs y paîtront paisiblement. Les gauchos auront beaucoup de travail et il n'y aura plus aucun Indien ni aucun animal sauvage pour les gêner dans leur tâche.

Je demandais à M. Darwin de me parler des animaux qu'il avait vus, et je confesse que j'étais très jaloux de ses découvertes.

— J'ai vu des tatous, Georges ! Ce sont de très curieux animaux, qui se déplacent avec une véritable armure sur le dos. Pour leur malheur, leur chair est très savoureuse, et les gauchos l'apprécient beaucoup. Près de Bahia Blanca, peu après votre départ, j'ai fait une petite excursion dans les dunes de sable qui bordent la plage. Mon guide a mis brusquement pied à terre et, tombant à genoux, il a plongé les mains dans le sable. En le rejoignant, j'ai compris la raison de cette fébrilité. Un petit tatou avait creusé un terrier pour lui échapper, et lui lançait du sable à la figure. Je suis heureux de vous dire qu'il est parvenu à s'enfuir et que mon compagnon ne l'a pas rattrapé.

Sur la route de Buenos Aires, nous avons également croisé un apar, qui est une autre sorte de tatou. Un chien errant s'était joint à nous. En fait, c'est lui qui l'a vu le premier, et il s'est mis à courir après lui comme un fou. L'animal, se sentant attaqué, se roula aussitôt en boule sous sa carapace, et le pauvre chien est resté sur sa faim !

M. Darwin me raconta encore un épisode qui avait eu lieu sur le Parana, l'un des grands fleuves qui se jettent dans le Rio de la Plata.

— Il y a beaucoup d'îles sur le Parana. Elles sont formées par la boue et le sable qui sont charriés par le courant à longueur d'années, et elles émergent à peine de la surface de l'eau. En période de crues, certaines disparaissent même complètement. Leur exploration est très périlleuse, quelle que soit la saison. Elles sont envahies par les saules et par une épaisse végétation grimpante, et il est presque impossible de les pénétrer. Je fus assez imprudent pour partir un soir, tout seul, à la découverte de l'une d'entre elles. Je venais à peine de mettre le pied sur l'île que je vis les empreintes toutes fraîches d'un animal sauvage, mais je ne parvins pas à les identifier. C'est alors que je repérais un arbre proche dont l'écorce se détachait. De chaque côté de la déchirure, je vis des marques distinctes de serres. Le tronc était tout griffé et il était clair à mes yeux que ces traces étaient récentes.

M. Darwin marqua une pause, et je profitais de l'occasion pour lui demander :

— Quel est le genre d'animal qui a laissé de telles traces ?

— Pour être honnête, c'est la question que je me posais moi-même, et quand j'eus la réponse, je battis aussitôt en retraite. Elles étaient l'œuvre d'un jaguar, un des membres les plus terribles de la famille des chats. J'avais l'horrible impression d'être surveillé par deux féroces yeux jaunes cachés dans les fourrés. Bien sûr, je n'avais aucune chance de voir l'animal, car les taches de son pelage sont un camouflage parfait, et il est capable d'avancer sournoisement, collé au sol, avant de lancer son attaque mortelle. Je fus très soulagé de rejoindre mes compagnons de route.

— Mais il n'aurait certainement pas attaqué un homme !

— Bien sûr que si, Georges ! J'ai rencontré un homme qui avait été attaqué durant son sommeil, sur le pont de son bateau, amarré à la rive. Il a été sauvagement déchiqueté, et il a perdu l'usage d'un bras. Les bûcherons établissent leur campement sur la rive du fleuve également, et on raconte que beaucoup sont tués par des jaguars. On m'a même raconté qu'un énorme jaguar était entré un jour dans l'église d'un village pour y attendre ses victimes. Deux prêtres ont ainsi trouvé la mort. Le troisième a eu la chance de pouvoir s'échapper.

M. Darwin avait un air grave quand il eut fini son histoire.

– Une nuit, j'ai entendu des rugissements dans la jungle voisine, poursuivit-il. Mes compagnons et moi étions assis, terrorisés. Nous nous attendions tous à une attaque qui, heureusement, n'a jamais eu lieu. Ce sont des rugissements d'une profondeur à faire frémir les plus braves d'entre nous, et je ne considère pas en faire partie. J'étais pétrifié !

Cela me donna à réfléchir et, pour le coup, je ne regrettais pas d'avoir été forcé de regagner le *Beagle* et d'avoir ainsi échappé à de telles aventures.

Montagnes et tremblements de terre

V ous vous souvenez sans doute de nos aventures en Terre de Feu, le pays de Jemmy Button et de ses amis. En juin 1834, nous fîmes nos adieux pour toujours à cette terre peu accueillante, et fîmes voile vers le Nord en longeant les côtes d'un nouveau pays, le Chili. Nous avions fait un relevé de toutes les petites îles et les détroits qui constituent la partie méridionale du pays. Nous retrouvâmes notre bonne humeur en quittant les tempêtes et le vent mordant qui souffle en permanence sur le cap Horn. Nous avions enfin atteint l'océan Pacifique, le plus grand océan du monde. De grands marins et navigateurs avaient, dans le passé, risqué leur vie pour trouver la route du Pacifique et de ses îles riches en épices. Nous suivions maintenant leur sillage.

À la fin du mois de juin, le *Beagle* ancra dans la baie de Valparaiso, une ville qui semblait avoir surgi des étroites vallées qui descendaient vers la mer.

Depuis le pont du bateau, je pouvais voir un alignement de petites maisons blanches peintes à la chaux, avec des toits en tuiles rouges, et j'étais impatient de descendre à terre.

M. Darwin monta de sa cabine et me rejoignit. Il scruta l'horizon, au-delà de la ville et des collines environnantes.

– Voyez-vous des montagnes, Georges? Au nord-est se trouvent les Andes, qui surplombent ces petites « taupinières » juste devant nous. C'est l'une des plus hautes chaînes de montagne du monde.

M. Darwin rendit visite à un vieux camarade d'école qui s'était installé à Valparaiso. Quelques jours plus tard, il partit à cheval, et me fit part, ultérieurement, de ses découvertes.

– Nous avons longé la côte un moment, en remontant vers le Nord, puis nous avons piqué vers l'intérieur jusqu'au pied des Andes. Comme c'était l'été, nous pûmes poursuivre notre exploration. En hiver, les chemins sont bloqués par la neige. Mon ami m'avait dit qu'on trouvait des coquillages anciens dans les rochers, bien au-dessus du niveau de la mer.

M. Darwin sortit un coquillage de sa poche pour me le montrer.

– J'ai trouvé celui-ci dans la montagne, à près de quatre cents mètres au-dessus du niveau de la mer. Ne trouvez-vous pas cela remarquable?

C'était très étrange, en effet, et pour dire la vérité, je ne comprenais pas comment on pouvait trouver des coquillages sur une montagne.

– Le sol s'est soulevé en certains endroits, Georges. Sous la pression de forces souterraines qui, sur une très longue période de temps, ont provoqué des secousses et des failles. Le continent a surgi de la mer et ce petit coquillage, comme des millions d'autres, a été pris dans la roche.

Je fixais M. Darwin d'un œil incrédule.

– Mais Monsieur, comment la terre peut-elle se soulever ? Elle semble si stable sous nos pieds ! J'ai vu la mer monter et descendre, mais les rochers sont sûrement trop lourds pour être poussés aussi haut ! Et quand bien même cela serait possible, ce n'est tout de même pas le vent qui les a soulevés, j'imagine ?

M. Darwin m'approuva.

– Je pense que si nous pouvions creuser un trou dans le sol, un trou très très profond, nous ferions les découvertes les plus extraordinaires ! L'expédition du *Beagle* nous semblerait sans intérêt en comparaison. Il est probable que, dans certaines parties du globe, sous l'écorce terrestre, il existe des forces énormes et des roches et des minéraux en fusion. C'est comme s'il y avait une fournaise ardente sous nos pieds, capable de provoquer toutes sortes de changements à la surface du sol. Ce sont des changements qui se font très lentement, et il nous faudrait peut-être des millions d'années pour les voir. C'est une chose qu'aucun d'entre nous ne peut espérer, pas même le capitaine FitzRoy !

J'étais vraiment très sceptique.

– Le capitaine dit que le monde a été créé en sept jours, M. Darwin. Que Dieu a fait la lumière, la mer et la terre. Alors, il a sûrement fait les montagnes en même temps !

– La vérité, Georges, est une chose que vous devez trouver par vous-même. C'est comme un voyage d'exploration, et vous rencontrerez de nombreuses aventures en chemin. Écoutez les avis de chacun mais, au bout du compte, c'est vous qui déciderez où se trouve la vérité.

Comme j'aurais aimé accompagner M. Darwin

dans tous ses voyages et partager ses réflexions ! Mais mon travail me retenait sur le bateau, où je devais pourvoir aux besoins du capitaine et de ses officiers.

Heureusement. M. Darwin écrivait beaucoup, et il se donnait toujours la peine de prendre des notes dans un petit carnet, même lorsqu'il se trouvait au sommet d'une montagne ou en pleine tempête.

Ce n'est que quelque temps après que j'entendis le récit de son expédition dans les Andes.

– Ma première vraie montagne fut le Campana. Le versant nord était couvert de buissons rabougris, tandis que sur le versant sud poussait une forêt de bambous, et même quelques palmiers. Nos chevaux avaient le plus grand mal à avancer sur les sentiers rocailleux. Nous campâmes près d'une source. En jetant un regard derrière nous sur la baie de Valparaiso, je pus discerner des bateaux qui ressemblaient à des jouets. Au coucher du soleil, je fus émerveillé par la beauté et la majesté de la nature qui nous entourait. Au-dessus de nous s'élevaient les sommets enneigés des Andes, d'un rouge flamboyant dans la lumière du soir. Le jour suivant, nous fîmes l'ascension jusqu'au sommet. Nous là-haut, nous pouvions suivre la ligne blanche de la cordillère interrompue, çà et là, par le cône d'un volcan. Au moment des éruptions, certains métaux en fusion avaient été coulés dans la roche et, une fois refroidis, ils avaient été exploités par l'homme dans les mines. Avec tous ces tunnels creusés dans le roc, pour extraire l'or, notre montagne ressemblait à un terrier de lapin.

Nous reprîmes bientôt la mer pour poursuivre nos relevés pour la Marine, laissant M. Darwin à ses travaux. Nous ne sûmes donc pas qu'il était tombé malade à la fin de septembre et avait dû garder le lit pendant tout un mois, chez son ami de Valparaiso. Lorsque nous le retrouvâmes, à la fin de l'année, il semblait avoir minci, et vieilli.

Nous passâmes les toutes premières semaines de 1835 au large de la côte méridionale du Chili. Puis nous fîmes route vers le port de Valdivia. À notre arrivée, M. Darwin partit à cheval dans les collines, à la recherche de nouvelles plantes et de nouveaux animaux. Un petit groupe alla à terre pour ramener de l'eau fraîche et des vivres. Nous étions dans la rue principale de la ville, avec ses petites maisons de bois, lorsque je sentis le sol trembler sous mes pieds. Le capitaine FitzRoy nous ordonna aussitôt de rester à l'écart des maisons qui commençaient à craquer et à trembler aussi. L'une d'entre elles s'effondra à l'angle de la rue, tandis qu'une femme en sortait en courant avec son bébé dans les bras. Les gens, paniqués, se mirent à hurler en voyant le sol qui se soulevait. Nous fûmes renversés et restâmes cloués au sol par la peur. Franchement, je crus que c'était la fin du monde et que j'allais être englouti dans les entrailles de la terre. Soudain, tout se calma. Les maisons, dont certaines avaient été sérieusement endommagées, semblaient avoir retrouvé une position normale. Les fenêtres et les portes se raccrochaient à leurs gonds. Certains, hébétés, se relevaient avec difficulté. D'autres restèrent à genoux en remerciant Dieu de les avoir épargnés.

À la fin de la journée, M. Darwin revint de son excursion en forêt et nous raconta comment il s'en était sorti. Il n'avait pas trop souffert du tremblement de terre.

– C'est comme marcher sur le pont quand la mer est mauvaise, expliqua-t-il. J'avais la tête qui tournait et l'épouvantable impression d'avancer sur une mince couche de glace, qui risquait de se briser à tout instant. Les animaux de la forêt gardèrent leur calme et semblaient mystérieusement comprendre ce qui se passait.

Quelques jours après, sur une île voisine, M. Darwin rencontra un homme qui avait vécu une expérience intéressante. Il se promenait à cheval, lorsqu'il fut projeté au sol avec sa monture par une violente secousse. Terrifié, il vit tout un troupeau de vaches, qui paissaient tranquillement sur le flanc de la colline, rouler dans les flots. Une vague s'était formée au loin et avait atteint des proportions gigantesques en s'approchant du rivage. Les habitants de la côte furent pris de panique en la voyant. Elle se précipita dans la baie et

alla se fracasser sur les maisons et sur un petit fort, où elle emporta un lourd canon, avec son chariot. Un voilier fut catapulté à des centaines de mètres à l'intérieur des terres par la force de l'eau.

Je commençais à comprendre les paroles de M. Darwin, quand il me parlait de cette force qui vient des profondeurs de la terre et qui est capable d'en modifier la surface. Cela m'inspira un grand respect pour les forces de la nature, sur terre comme sur mer. Je me sentais tout petit et impuissant en pensant à toutes les choses dont j'avais été témoin. Et pourtant, la nature avait ses délices aussi, et j'allais bientôt en découvrir certaines.

L'archipel des Galapagos

*L*e 7 septembre 1835, le *Beagle* quitta l'Amérique du Sud et fendit l'océan Pacifique en direction du nord-ouest. Le capitaine FitzRoy avait reçu l'ordre d'explorer un groupe de petites îles, à la hauteur de l'Équateur. Nous avions donc devant nous une traversée de quelque cinq cents milles. À bord du bateau, M. Darwin était toujours très occupé à écrire des lettres et à prendre des notes. Il me demanda de l'aider à classer les nombreuses plantes qu'il avait trouvées sur le continent. Il y en avait tant qu'il aurait presque pu planter sa propre jungle. Le capitaine FitzRoy n'était pas enchanté de voir sa cabine envahie par des échantillons de près de la moitié de la faune et de la flore d'Amérique du Sud. Il y avait là des peaux de reptiles et des oiseaux, des coquillages et des os... toutes sortes de choses. Je ne pouvais imaginer qu'on puisse encore découvrir d'autres animaux. M. Darwin, évidemment, était déjà prêt pour de nouvelles aventures. Je lui demandais quel était le nom des îles où nous nous rendions.

– Les îles Galapagos, fit-il. D'après le capitaine, ce sont des îles volcaniques. Nous avons déjà connu la tempête, la révolution et les tremblements de terre, et nous allons peut-être découvrir la violence des volcans ! Le ciel plein d'étincelles et de poussière, tandis que la montagne surgit de la mer ! Des flots de lave en fusion qui coulent sur les flancs du volcan pour venir crépiter dans l'océan !

J'étais très impressionné par une telle description et j'en fis part à M. Darwin. Il me semblait que j'avais trop souvent frôlé la mort pour mettre ma vie en danger une nouvelle fois. J'en avais vu assez pour meubler toute une existence, et je savais que la vie était précieuse.

« Terre en vue ! » hurla la vigie, perchée tout là-haut dans le gréement. Nous nous bousculâmes à bâbord et, en l'espace de quelques minutes, nous vîmes apparaître les cratères menaçants de plusieurs volcans.

En nous approchant, nous pûmes distinguer une côte escarpée et peu engageante. Nous accostâmes à Chatham Island, sur une plage de lave noire. De grandes crevasses, assez larges pour engloutir un homme, se dessinaient dans ce paysage désolé et, un peu plus haut, nous vîmes des arbres rabougris qui luttaient pour survivre sous la chaleur écrasante du soleil de midi. À mes yeux, c'était le plus horrible de tous les endroits que nous avions visités.

En avançant à l'intérieur de l'île, nous découvrîmes une forêt de cactus géants, hérissés d'énormes piquants qui empêchaient notre progression. J'étais tombé à plusieurs reprises et m'étais écorché les genoux sur la lave dure et rugueuse. J'étais épuisé. Devant nous se trouvait un petit

monticule sur lequel je grimpais pour m'asseoir.
Soudain, le monticule se mit à bouger, et je fus ballotté sur sa surface lisse et glissante. J'étais
entraîné sans pouvoir rien y faire. Le monticule
vacillait en sifflant. M. Darwin et les deux marins
qui l'accompagnaient assistaient impuissants à la
scène en se tordant de rire. J'avais trop peur pour
leur en demander la raison mais, l'instant d'après,
je me retrouvais par terre, étalé de tout mon long.
Le monticule sortit enfin sa tête, avec un nouveau
sifflement terrible. C'était un être vivant ! Une tête
couverte d'écailles, avec des yeux noirs et durs, qui
se balançait au bout d'un long cou tanné.

Les marins ricanaient et je me sentis tout à fait
stupide. L'animal, car c'en était un, s'éloigna len-

tement sur quatre pattes épaisses recouvertes d'écailles. D'énormes griffes pointaient à chaque extrémité.

– Vous avez fait une belle balade ! s'exclama M. Darwin en riant toujours. C'était une tortue géante des Galapagos !

Pendant notre séjour dans les îles, je me pris d'affection pour ces tortues géantes. Je fus triste d'apprendre qu'elles étaient chassées pour leur chair et qu'on les tuait par centaines.

Nous avions pour mission d'explorer chacune des îles Galapagos et, sur l'une d'entre elles qui s'appelait Albemarle, nous observâmes un filet de fumée sortant du cratère d'un volcan. Sur la côte, nous rencontrâmes d'énormes lézards noirs, avec

une longue queue, se dorant au soleil, ou bien s'accrochant aux rochers tandis que les vagues venaient échouer sur eux. On aurait dit des dragons, sortant de la mer. Dans les collines, nous découvrîmes d'autres lézards, d'un brun-jaune, qui, à notre approche, se précipitèrent dans leurs terriers. Je n'avais jamais vu de créatures aussi laides et aussi paresseuses. Ils avaient l'air extrêmement stupides avec leur façon d'avancer en traînant leur ventre et leur queue sur les rochers et en s'arrêtant à tout instant pour piquer un petit somme au soleil.

M. Darwin était allé rendre visite au vice-gouverneur des îles Galapagos et, à son retour, je vis qu'il était très préoccupé.

— Tout cela est très déroutant, m'expliqua-t-il un jour que nous explorions une forêt de bambous. Le vice-gouverneur m'a raconté que les tortues sont différentes sur chacune de ces îles. Il lui suffit de les observer pour savoir exactement sur quelle île il se trouve. Pourtant, elles se ressemblent beaucoup, ces îles. Elles sont toutes volcaniques et situées à peu près au niveau de l'Équateur. Et puis, elles sont très proches l'une de l'autre. Alors, pourquoi leurs tortues seraient-elles différentes ?

Comme d'habitude, je ne pus lui répondre.

— Prenez l'exemple des grives-moqueuses. Nous en avons vu partout. Il y en a une espèce sur Charles Island, une autre sur Albemarle et encore un troisième type sur James Island et sur Chatham Island. Je suis aussi très intrigué par la variété des pinsons. Là encore, j'ai remarqué qu'il existe des espèces différentes sur chaque île.

Comme je l'ai déjà mentionné, je tenais M. Darwin pour un homme intelligent, et je l'avais rarement vu à court de réponse. Je commençais brusquement à comprendre le problème.

— Vous voulez dire, Monsieur, que ces îles Galapagos sont récentes ? Qu'elles n'ont pas été créées au commencement du monde, mais bien, bien après ?

— Oui, Georges, c'est cela même ! La mer était ici avant les îles. Elles ont surgi de l'océan sous la poussée volcanique.

J'essayais de clarifier les choses dans mon esprit.

— D'abord, il y avait la mer ?

— Exact, fit-il.

— Puis vinrent les îles.

— Précisément, acquiesça-t-il.

— Et puis, lorsque la lave s'est refroidie, les plantes et les animaux sont arrivés.

— Oui, mais comment ? Comment sont-ils arrivés ?

Une fois de plus, j'étais sans réponse.

— Vous souvenez-vous, Georges, au début du voyage, ce nuage de poussière que nous avons croisé en mer ? Parmi les particules de poussières, nous avions trouvé de minuscules spores.

– Et vous disiez, Monsieur, que ces spores venaient d'un pays qui se trouvait à des centaines de milles de nous. L'Afrique, je crois.

– Oui, Georges ! Mais aujourd'hui nous sommes à des centaines de miles de l'Amérique du Sud. Je pense que le vent a apporté des spores et des graines depuis ce continent. Certaines atterriront sur le sol volcanique de ces îles et pousseront. Très lentement, et cela prendra un certain temps, la végétation gagnera du terrain.

Cette hypothèse était relativement incompréhensible pour moi, mais il restait une question que je trouvais plus embarrassante que jamais.

– Je vois bien comment des plantes prendront pied ici, Monsieur, mais cela n'explique pas comment les animaux sont arrivés sur les îles.

– C'est probablement la question la plus importante de toutes, répliqua-t-il. Avez-vous une idée de la façon dont les oiseaux sont venus, par exemple ?

Ça, c'était une question facile !

– En volant, bien sûr !

– Oui, bien sûr, fit M. Darwin en riant. Mais il a fallu qu'ils aient une bonne raison pour traverser la mer. Pensez aux grives-moqueuses et aux pinsons. Ce ne sont pas des oiseaux marins ! Je pense que certains ont été transportés ici par accident. Ils

ont peut-être été pris dans une bourrasque et entraînés au grand large. Quelques rares survivants auraient eu la chance d'arriver jusqu'ici.

— Mais cela n'explique pas la présence des lézards, des tortues et des autres animaux, M. Darwin. Comment sont-ils arrivés ?

Il secoua la tête.

— Je peux seulement suggérer qu'ils ont été transportés par les courants marins. Vous vous souvenez des tremblements de terre, et des maisons et des arbres que nous avons vus s'écraser ? Des arbres ont pu être balayés et entraînés au loin par la mer, et il est possible que certains aient été rejetés un jour sur le rivage de ces îles. Peut-être même des animaux ont-ils été entraînés avec eux et ont-ils survécu ?

— Comme les rats sur un navire ? Vous pensez que des animaux, en provenance du continent, se sont échoués un jour sur la grève ?

— Oui, Georges. Je pense que c'est une possibilité. Comment auraient-ils pu parvenir jusqu'ici, autrement ? Mais il reste encore une question essentielle à résoudre, fit-il.

Je pensais que nous avions maintenant répondu à toutes les questions.

— Réfléchissez, Georges ! Réfléchissez ! s'exclama-t-il, tout excité. Des tortues différentes sur chaque île. Des pinsons différents sur chaque île. Vous pensez vraiment que chaque île a accueilli une espèce différente sur ces troncs d'arbres flottants ? Non, c'étaient les mêmes tortues. Et les mêmes pinsons. Au départ, c'étaient les mêmes sur toutes les îles — il parlait avec une voix de plus en plus aiguë — et maintenant, après toutes ces années, ils sont différents !

Je le regardais, ahuri, et le priais de baisser le ton s'il ne voulait pas alerter les marins.

– C'est impossible, Monsieur, murmurais-je. Le capitaine FitzRoy vous le dirait. Vous êtes en train de me dire que les animaux changent. Mais cela ne se peut pas. C'est impossible !

M. Darwin se tenait le front entre les mains. Il tremblait en parlant.

– Je ne sais pas, Georges ! Vraiment, je ne sais pas ! Ce n'est pas une idée nouvelle. D'autres gens ont pensé que les choses vivantes évoluaient aussi. Mais ici, aux Galapagos, nous en avons la preuve ! Simplement, je ne suis pas sûr de moi, et j'ai besoin de temps pour réfléchir. Demain, nous quittons ces îles, et je n'aurai pas d'autre occasion de revenir. Quelque chose me dit que nous venons de faire une très grande découverte !

Pauvre M. Darwin ! Il était dans un état épouvantable, et je dus l'aider à rentrer au bateau. Le lendemain, nous hissâmes les voiles et fîmes nos adieux à ces îles mornes et noires, peuplées d'animaux étranges.

Cap sur l'Angleterre

Maintenant commençait pour nous une nouvelle aventure. Nous traversâmes l'océan Pacifique en faisant escale dans les îles les plus exotiques, où il y avait tant de choses à voir. Je notais secrètement un léger changement dans l'attitude de M. Darwin. Cela survint très lentement, mais pour moi, qui le connaissais bien, il était visible qu'il devenait plus profond et plus grave. Il ruminait dans sa cabine pendant des heures d'affilée, ou bien marchait de long en large sur le pont. Les marins l'avaient surnommé « le Philosophe », et je savais que le capitaine et lui se querellaient souvent. À la fin de l'année, quelques jours à peine avant Noël, nous arrivâmes en vue de la Nouvelle-Zélande et manœuvrâmes pour accoster. Pour le Nouvel An, en 1836, nous fîmes escale à Sydney, en Australie, mais nous ne restâmes longtemps dans aucun de ces deux pays. J'étais toujours inquiet au sujet de M. Darwin, et j'espérais que notre traversée dans l'océan Indien, jusqu'aux îles Keeling (îles Cocos), ranimerait son esprit défaillant.

Le premier avril, nous posâmes un premier regard sur l'île principale, entièrement composée de corail. Le *Beagle* emprunta avec précaution un canal peu profond entre des pointes de coraux qui affleuraient à la surface. Nous pénétrâmes ainsi dans les eaux calmes d'un lagon où nous jetâmes l'ancre. Derrière nous s'étendait la ligne blanche des brisants qui venaient déferler sur les coraux et, dans le ciel bleu d'azur, un petit nuage cotonneux repartait vers la mer. L'eau du lagon était d'un vert émeraude et la plage était du sable le plus blanc. À terre, se profilait l'ombre des palmiers qui se balançaient doucement dans la brise. À mes yeux, c'était le paradis, et je fus heureux de constater que M. Darwin était un peu redevenu lui-même.

Le lendemain matin, nous débarquâmes sur Direction Island. La plage sur laquelle nous arrivâmes était crayeuse et brûlante, mais il y avait, çà et là, un carré de sable. Je fus très surpris en découvrant que l'île était extrêmement étroite. À peine avions-nous pénétré dans la palmeraie de cocotiers, que nous nous retrouvâmes sur la côte opposée. Le bruit du ressac parvenait jusqu'à nos oreilles, tandis que les vagues immenses roulaient par-dessus les coraux, puis repartaient vers le large. J'étais étonné de voir que des arbres poussaient dans un tel endroit. Sur les récifs de coraux, des petits bernard-l'ermite décampaient dans tous les sens et, au-dessus de nos têtes, dans les arbres, nous vîmes des frégates et des fous de Bassan. M. Darwin était ravi. Il avait repéré une petite hirondelle de mer, toute blanche.

– Là, Georges, au-dessus de votre tête ! Ne bougez pas ! Elle est juste au-dessus de vous ! Regardez comme elle plane ! On dirait un petit lutin ! Avez-vous jamais vu une chose aussi magique ?

Nous rencontrâmes quelques îliens en explorant ce paradis. M. Darwin s'intéressait particulièrement aux coraux, et ne ratait pas une occasion de les étudier. Il prenait des notes et faisait des croquis dans son carnet. Les îliens étaient pauvres et pourtant, leur régime à base de poissons, de tortues et de noix de coco semblait leur convenir parfaitement. Nous les trouvâmes aimables et généreux, et M. Darwin tomba sous leur charme.

Un jour, nous avions formé un petit groupe, pour explorer un canal qui coupait à travers les récifs de coraux. Nous entendîmes un cri au devant de nous et vîmes deux canoës dans les eaux du lagon. À l'avant de l'un deux se trouvait un homme très agité, penché en avant. Ses compagnons ramaient avec énergie, et il se balançait d'un pied sur l'autre pour ne pas perdre l'équilibre.

Nous observâmes la scène, fascinés, et nous le vîmes plonger dans l'eau en lançant des jurons et en riant. Il n'était pas en péril, mais nous ramâmes dans sa direction. Au bout d'un moment, nous comprîmes enfin ce qu'il était en train de faire. C'était un pêcheur, et il avait sauté sur le dos d'une tortue de mer qui était venue reprendre son souffle à la surface de l'eau. L'homme s'agrippait à elle pour l'empêcher de s'enfuir, les doigts fermement refermés sur sa carapace, au-dessus de son cou. Bien entendu, nous les suivîmes pour connaître le sort de la tortue. Après quelques minutes, elle ralentit, épuisée par l'effort. Elle n'offrait plus aucune résistance et fut rattachée au canoë par une corde. La chair de la tortue est délicieuse, si on la déguste grillée au charbon de bois.

Je me liais d'amitié avec les pêcheurs et, quelques jours plus tard, je fus autorisé à conduire tout seul un petit canoë dans le lagon. Il y avait un minuscule îlot de corail qui avait retenu mon attention et j'y débarquais pour l'explorer. Me frayant un chemin parmi les cocotiers, je trouvais un coin ombragé où je m'assis, rêveur. La brise qui venait du large agitait les branches au-dessus de ma tête et, dans le lointain, le ressac venait s'écraser sur la barrière de corail. Je me tournais et m'allongeais sur le dos, face à la mer.

Tout à coup, il y eut un tapement sourd. Je soulevais la tête et tendis l'oreille. Ça recommençait ! J'entendis distinctement de petits coups répétés. Je tournais lentement la tête et me retrouvais face à face avec une créature monstrueuse ! Un énorme crabe agitait une pince gigantesque et terrifiante dans ma direction. Il était à moitié caché derrière les racines d'un arbre, à un mètre à peine de moi. À mon grand étonnement, il tendit sa pince vers une noix de coco qui gisait sur le sol, et je compris qu'il ne m'attaquerait pas. Des fibres brunes étaient éparpillées sur le sable, et le crabe martelait avec sa pince « l'œil » de la noix de coco, qui en est le point le plus fragile. Il était parvenu à faire un trou, et je le vis tourner en rond d'une étrange manière en déchirant à l'aide de ses pattes la pulpe blanche du fruit.

Je n'avais plus peur. Lorsque je retrouvais M. Darwin sur le *Beagle,* il fut très intéressé par cette histoire. Il me dit qu'il avait entendu raconter que ces crabes des cocotiers* étaient capables de grimper aux arbres pour cueillir les noix de coco. Il ne les avait pas vus, mais il espérait bien en avoir un jour l'occasion. M. Darwin me parla aussi d'un crabe géant qu'on avait enfermé vivant dans une boîte à biscuits. Bien que le couvercle ait été solidement ficelé, il avait réussi à s'échapper. Il avait fait de gros dégâts dans la boîte en métal !

J'approche maintenant de la fin de mon histoire. Le *Beagle* poursuivit son voyage à travers l'océan Indien. Nous doublâmes Madagascar et contournâmes le cap sud de l'Afrique, puis traversâmes l'Atlantique Sud. Les vents alizés nous conduisirent jusqu'au Brésil, et nous fîmes escale à Bahia où nous avions déjà jeté l'ancre, quatre ans et demi plus tôt. Au cours du voyage, j'étais devenu un jeune homme. Nous avions fait le tour du monde et ici, à cinq mille milles de l'Angleterre, nous nous préparions pour notre dernière traversée L'équipage fatigué, les officiers comme les marins, rentrait enfin au pays. M. Darwin avait l'air encore plus impatient que les autres de rentrer chez lui.

– L'Angleterre, Georges ! La glorieuse Angleterre ! Vous ne pouvez pas savoir à quel point je me languis de ses vertes prairies et de ses forêts ! Nous avons parcouru le monde. Nous avons vu des montagnes de quatre mille mètres, les îles tropicales et la jungle brésilienne, et pourtant l'Angleterre m'est dix fois plus chère ! Je ne veux plus voyager. J'ai l'intention de mener une vie paisible et de me retirer dans une maison à la campagne. Là, je serai heureux !

Nous quittâmes donc le Brésil en août et jetâmes l'ancre au large de Falmouth, en Cornouailles, le 2 octobre 1836. J'étais très triste de quitter mon ami, M. Darwin. Nous avions vu beaucoup de choses ensemble, mais notre aventure touchait à sa fin. À peine quelques semaines plus tard, je rejoignis l'équipage d'un autre navire, et j'ai passé le reste de ma vie en mer, moi, Georges Carter, comme simple matelot !

J'ai été stupide de perdre le contact avec M. Darwin, car j'avais promis de lui écrire de chaque port où je ferais escale. Cependant, je ne l'ai jamais oublié dans mes pensées et bien des fois, la nuit, j'ai rêvé des épisodes de notre grande aventure.

C'est ici que se termine mon histoire. Elle n'est peut-être pas tout à fait terminée encore, car récemment, à Plymouth, j'ai acheté un livre dans une librairie. Il était intitulé *L'Origine des espèces,* et mon attention avait été attirée par le nom de l'auteur sur la couverture : Darwin. Le libraire m'informa que le Darwin en question avait créé un joli scandale… Il avait chamboulé la terre entière, et s'était fait des ennemis dans les plus hautes sphères.

J'ai emporté le livre avec moi, sur mon nouveau bateau, et je le lirai pendant le voyage. Il me semble impossible que ce bon M. Darwin, avec ses manières si douces, ait pu se faire des ennemis. Je me demande aussi ce que l'homme entendait par « hautes sphères ». J'ai bien l'intention de le savoir, car j'ai comme l'impression que mon ami, M. Darwin, est devenu quelqu'un de très célèbre !

Le darwinisme

Charles Robert Darwin retrouve le sol de l'Angleterre le 2 octobre 1836. De toute sa vie il ne le quittera plus, consacrant, malgré une santé délicate, quarante-six ans d'un labeur acharné à construire patiemment une théorie qui allait bouleverser les idées de l'époque.

De son voyage, il publie d'abord les carnets, puis, étranger à tout empressement, il rédige un mémoire sur ses observations géologiques et consacre encore quelques années à l'étude de crustacés. Parallèlement à cette activité, Darwin élabore sa théorie. Se remémorant une à une les observations qu'il a faites au cours de son voyage, il accumule les preuves de la *non-fixité des espèces* : celles-ci tendent à se transformer et la clef de ces transformations est la *sélection naturelle.*

Dans une espèce en effet tous les individus sont différents les uns des autres et, parmi ces innombrables différences, certaines donnent à l'individu qui en est caractérisé un avantage dans « la grande et terrible bataille de la vie ». Tel animal, par sa fourrure plus épaisse, se trouvera mieux protégé du froid ; tel autre, plus rapide à la course, échappera mieux à l'attaque de ses ennemis...

Les possesseurs de ces heureuses variations ont donc plus de chances de parvenir à l'âge adulte et pourront transmettre ce caractère à leurs petits. Les caractères favorables auront donc tendance à se perpétuer et à s'accentuer dans l'espèce qui, peu à peu, se transformera par ce procédé de sélection naturelle.

Darwin explique ainsi que les espèces ne sont pas apparues à la surface de la terre bien distinctes et « fixes » mais qu'un lent processus d'*évolution* forge petit à petit les différences entre elles, le double mécanisme de la diversification et de la sélection naturelle donnant naissance à de nouvelles espèces.

La découverte des lois de l'hérédité publiées par Mendel en 1865 et 1869, seulement tirées de l'oubli en 1900 par le botaniste hollandais De Vriès, pu donner son essor à la conception darwinienne. Façon de voir nouvelle pour les nàturalistes, le *darwinisme* a aussi apporté un grand renouveau dans la façon d'envisager l'histoire du monde.

Publiée le 24 novembre 1859, la première édition de *L'origine des espèces* fut épuisée en un jour.

Franchissant un nouveau pas, Darwin publiera, en 1871, *La Descendance de l'homme* où il conclut que l'homme descend de l'animal.

D'une modestie hors du commun et d'une patience admirable, Darwin fut au centre d'une violente querelle qui dépassa bien vite les frontières de l'Angleterre et qui n'est pas encore éteinte. Aujourd'hui clef de voûte de l'Histoire Naturelle, l'évolutionnisme naquit dans l'esprit libre d'un jeune homme qui fit le tour du monde avec un microscope et un filet à papillons...

NOTES

Bâbord : c'est la gauche d'un bateau quand on le regarde dans le sens de la marche avant.

Crabe des cocotiers : ou crabe voleur : il ne s'agit pas d'un crabe mais d'une sorte de gros bernard l'hermite terrestre dépourvu de coquille et qui se nourrit de l'huile des noix de coco.

Gréement : ensemble des cordages qui servent à manœuvrer les voiles.

H.M.S. : cette abréviation de *Her* (ou *His*) *Majesty Service* précède le nom de tous les bateaux de la Royal Navy, la flotte royale anglaise.

Mille : unité de longueur utilisée en navigation équivalent à 1852 m. Le mile, unité anglaise, correspond lui à 1609 m.

Neptune : roi des océans dans la mythologie latine.

Pouce : ancienne unité de mesure de longueur qui valait 2,7 cm.

Spore : éléments microscopiques produit par certains végétaux et servant à leur reproduction. Les fougères, les champignons et les mousses sont sporozoaires.

Timonier : matelot qui tient la barre sur un bateau.

Biographies

Peter Ward est, en Angleterre, un spécialiste de la vulgarisation scientifique pour enfants. Producteur d'émissions scolaires, il est depuis 1972 responsable des programmes et publications d'Histoire naturelle de la B.B.C. Marié et père de deux filles, il vit à Bromley, une petite ville du Sud de la Grande-Bretagne, fort proche de « Down House », la maison où Darwin vécut près de quarante ans et écrivit son livre sur *L'Origine des espèces*.

Depuis sa plus tendre enfance, **Annabel Large** s'est promenée aux quatre coins du monde et a passé notamment beaucoup de temps en Afrique ; elle a même pris part à une expédition sur le Congo. Annabel Large a quand même passé suffisamment de temps en Angleterre pour y étudier les Beaux-Arts et suivre des cours d'illustration. Mariée et mère de quatre enfants, Annabel Large vit aujourd'hui non loin de Londres, dans le Middlesex.

Nous tenons à remercier le Docteur Danièle Guinot, du Muséum national d'Histoire Naturelle, pour son aimable contribution à la réalisation de cet ouvrage.